Caio Lasagno

La Chine et les États-Unis

AF154758

Caio Lasagno

La Chine et les États-Unis

Resserrement des échanges et concurrence hégémonique

ScienciaScripts

Imprint

Any brand names and product names mentioned in this book are subject to trademark, brand or patent protection and are trademarks or registered trademarks of their respective holders. The use of brand names, product names, common names, trade names, product descriptions etc. even without a particular marking in this work is in no way to be construed to mean that such names may be regarded as unrestricted in respect of trademark and brand protection legislation and could thus be used by anyone.

Cover image: www.ingimage.com

This book is a translation from the original published under ISBN 978-613-9-73986-8.

Publisher:
Sciencia Scripts
is a trademark of
Dodo Books Indian Ocean Ltd. and OmniScriptum S.R.L publishing group

120 High Road, East Finchley, London, N2 9ED, United Kingdom
Str. Armeneasca 28/1, office 1, Chisinau MD-2012, Republic of Moldova, Europe
Printed at: see last page
ISBN: 978-620-6-23950-5

REMERCIEMENTS

Je tiens à remercier le professeur Helton Ouriques pour ses conseils et ses suggestions qui m'ont permis de préparer ce travail.

Je voudrais remercier les professeurs d'économie de l'UFSC pour les moments de réflexion et d'apprentissage qu'ils m'ont offerts pendant le cours.

Je tiens tout particulièrement à remercier les membres de ma famille pour le soutien et la compréhension dont ils ont fait preuve à l'égard de mon choix d'étudier l'économie. Un remerciement spécial à tous les amis dont j'ai pu apprécier la compagnie au cours de ces dernières années et à mon partenaire actuel pour sa contribution substantielle à la mise en forme du travail et sa patience au cours de son exécution.

"J'explique pour embrouiller.
Je t'embrouille pour t'éclairer".

(Tom Zé)

RÉSUMÉ

L'objectif de cet article est de retracer la croissance et le déclin de l'hégémonie américaine dans le monde à partir de la Seconde Guerre mondiale.[a] . Parallèlement, en utilisant pratiquement le même cadre temporel, un aperçu rapide de l'économie chinoise de Mao-Tsé Tung est dressé en mettant l'accent sur les réformes de Deng-Xiao Ping. Après ces rappels historiques, une analyse statistique du commerce extérieur sino-américain est effectuée pour étayer la discussion finale sur le fait que la Chine est aujourd'hui un concurrent de l'hégémonie nord-américaine.

Mots clés : relations sino-américaines ; commerce international ; croissance chinoise ; concurrence hégémonique

RÉSUMÉ

CHAPITRE 1

INTRODUCTION

1.1 SUJET ET PROBLÈME DE RECHERCHE

Le travail suivant s'inscrit dans le cadre de l'économie internationale et de l'histoire économique, et vise à aborder les relations entre les États-Unis et la Chine en mettant l'accent sur les points suivants : (1) la trajectoire historique de ces deux nations depuis la Seconde Guerre mondiale pour les États-Unis et la révolution socialiste de Maó-Tsé Tung pour la Chine ; (2) démontrer par des données statistiques le renforcement des relations commerciales et diplomatiques entre la Chine et les États-Unis à partir des années 1970 ; (3) conclure si la Chine peut être un concurrent à l'hégémonie américaine à court terme ou seulement à long terme.

1.2 OBJECTIFS

1.2.1 Objectif général

Déterminer si la Chine est en mesure de disputer la position hégémonique dans le système interétatique à court terme ou si cette possibilité n'est envisageable qu'à long terme.

1.2.2 Objectifs spécifiques

a) Faire un bref rappel historique de la construction de l'hégémonie américaine au XXe siècle après la Seconde Guerre mondiale, de sa montée en puissance dans les années suivantes et de son déclin.

b) Faire un bref rappel historique de la Chine après la révolution socialiste de Mao Zedong en mettant l'accent sur les réformes économiques des années 1970 et leurs conséquences.

c) Analyser le commerce sino-américain depuis les années 1980 et relier les données à la stratégie de développement de la Chine et aux relations concurrentielles entre ces deux pays.

d) Évaluer le statut de la Chine en tant que candidat à l'hégémonie à court ou à long terme.

1.3 MÉTHODOLOGIE

La méthode utilisée pour atteindre les objectifs de ce travail a été la collecte d'informations et de données dans des livres, des textes, des articles, des travaux de fin d'études et des *sites web*.

Pour structurer l'examen historique de l'hégémonie américaine, deux auteurs de base ont été utilisés : Giovanni Arrighi dans ses livres "The Long Twentieth Century" de 1996 et "Adam Smith in Beijing" de 2008, et Immanuel Wallerstein dans son livre "The Decline of American Power" de 2004. Les deux auteurs ont utilisé les concepts d'hégémonie proposés dans leurs ouvrages. La structure chronologique de la section suit celle des livres et, en plus de ceux-ci, d'autres documents académiques sur le sujet ont été utilisés, tels que des monographies, des articles et des dissertations.

Utilisant pratiquement le même cadre temporel que l'analyse historique américaine, l'examen historique chinois commence après la révolution socialiste. Conformément aux objectifs de l'ouvrage, l'accent a été mis sur les périodes postérieures aux années 1970, en raison de la proximité des pays qui font l'objet de l'ouvrage. Pour ce faire, divers auteurs ont été utilisés, principalement des articles sur des sujets économiques et historiques.

Les données présentées dans ce document proviennent de sites web. Les bases de données utilisées sont la CNUCED, la Banque *mondiale, l'*Unesco, l'*Observatoire de la complexité économique*, le *Bureau du* recensement des États-Unis, IndexMundi et le *Factbook de la CIA*.

Le travail de fin d'études sera présenté en 4 sections comprenant : (1) une histoire de la consolidation de l'hégémonie américaine à partir de la Seconde Guerre mondiale, basée principalement sur les livres " The Long Twentieth Century ", " Adam Smith in Beijing " de Giovanni Arrighi et " The Decline of American Power " d'Immanuel Wallerstein ; (2) une revue de l'histoire économique chinoise depuis la Révolution socialiste, mais avec un accent plus marqué sur les réformes économiques de 1970 et 1990 ; (3) l'utilisation de données statistiques pour démontrer le renforcement des relations sino-américaines à partir de 1970 et leur consolidation dans les années 1990, en cherchant à démontrer le partenariat entre les deux pays, notamment en ce qui concerne la croissance des deux économies ; (4) la conclusion, à partir de l'examen des données et de l'histoire des deux pays, que la Chine se présente à court terme comme un concurrent de l'hégémonie nord-américaine ou qu'elle dépend de la relation existante entre les pays.

1.4 CADRE THÉORIQUE

Au cours des années 1970, le monde a suivi la reprise des relations diplomatiques et commerciales entre la Chine et les États-Unis (CARVALHO ; CATERMOL, 2009), dans une période d'insécurité générée par la guerre froide, la faillite du système de Bretton Woods et les réformes économiques engagées en Chine lors de la transition du pouvoir de Mao Zedong à Deng Xiaoping (HUNG, 2008).

Les réformes économiques proposées par la Chine sont conformes au modèle adopté quelques années plus tôt par d'autres pays d'Asie de l'Est. Cette stratégie de développement se caractérise par une forte implication de l'État dans certains secteurs et une forte orientation vers l'exportation. Les plus grands représentants de ce modèle sont le Japon, la Corée du Sud, Taïwan, Hong Kong et les États-Unis.

Kong et Singapour. Ces pays sont devenus ce que l'on a appelé les "tigres asiatiques". La Chine a utilisé la même stratégie, en commençant un peu tard, mais en raison de sa population et de sa taille économique, elle a été choisie comme concurrent possible de la domination américaine à long terme (HUNG, 2011).

Ainsi, au cours des décennies suivantes, le monde a suivi la croissance des relations commerciales sino-américaines. À partir des années 1990, la Chine a commencé à afficher des performances économiques remarquables, principalement grâce à d'importants flux d'investissements directs étrangers, à de fortes augmentations de la production, à la croissance du PIB et à d'importants investissements dans les infrastructures.

Cependant, depuis le début du siècle, la Chine joue un rôle encore plus important sur la scène mondiale. En 2002, le commerce sino-américain s'élevait à 125,19 milliards de dollars et en 2012 à 452,62 milliards de dollars (CENSUS, 2014). En outre, l'interaction entre ces deux agents est de plus en plus courante, les termes *"conçu aux États-Unis"* étant suivis par *"assemblé en Chine"* (CARVALHO ; CATERMOL, 2009).

Actuellement, on assiste à une augmentation de la complexité des biens fabriqués par la Chine, c'est-à-dire qu'il n'y a pas seulement l'achat de biens de faible complexité technologique et de faible valeur ajoutée, ce qui caractérise une nouvelle insertion à court et moyen terme de l'économie chinoise (GEREFFI, 2008).

Depuis la crise de 2008, également connue sous le nom de crise des *subprimes*, la relation sino-américaine a connu quelques changements, car à la veille de l'éclatement de la bulle, la Chine est devenue le plus grand exportateur vers les États-Unis et en même temps leur plus grand créancier, finançant le déficit de la balance courante des États-Unis et soutenant leur capacité à absorber les importations. Alors que les exportations à bas prix de la Chine ont contribué à réduire l'inflation américaine, ses achats sans précédent de bons du Trésor américain ont contribué à diminuer leur rendement et, par conséquent, les taux d'intérêt américains. Ainsi, la Chine s'est imposée ces dernières années comme le principal soutien de la vitalité économique américaine (HUNG, 2011).

Les concepts utilisés dans ce document figurent dans l'article d'Arienti et Filomeno (2006). Le premier de ces concepts est celui de système mondial. Arienti et Filomeno (2006) définissent ce concept comme "une unité spatio-temporelle dont l'horizon spatial est coextensif à une division du travail qui permet la reproduction matérielle de ce monde. Sa dynamique est alimentée par des forces internes, et son expansion absorbe des zones externes et les intègre dans l'organisme en expansion" (p. 103). Le concept d'économie mondiale, quant à lui, peut être défini par "une division du travail intégrée par le marché plutôt que par une entité politique centrale" (p. 104).

Un autre concept nécessaire à ce travail, également présent dans l'article d'Arienti et Filomeno (2006), est celui des chaînes de marchandises. Ce concept se rapporte généralement au commerce à longue distance, au-delà des frontières territoriales des États nationaux. Il s'agit de chaînes de production qui vont de l'extraction des matières premières à la transformation du produit. Ce mouvement, de l'extraction à la transformation de la matière première, a lieu principalement à la périphérie et au

6

centre du système. En général, la périphérie du système est constituée des pays où les bourgeoisies nationales n'ont pas autant de pouvoir au sein du système et sont reléguées à la production de la partie la moins rentable de la chaîne. En revanche, le centre du système est l'endroit où se trouve le commandement du système, la bourgeoisie la plus puissante, qui peut donc s'approprier la partie la plus rentable de la production (ARIENTI ; FILOMENO 2006).

Enfin, le dernier concept qui s'avérera essentiel pour ce document se trouve, une fois de plus, dans le travail d'Arienti et Filomeno (2006). Le concept utilisé est celui de l'hégémonie ; dans ce document, l'hégémonie est définie comme la situation dans laquelle la rivalité permanente entre les soi-disant grandes puissances est tellement déséquilibrée qu'une puissance est en fait la plus grande parmi les autres et qu'elle peut imposer ses règles et ses souhaits au système mondial, dans les domaines économique, politique, militaire, diplomatique et même culturel.

CHAPITRE 2

LES ÉTATS-UNIS D'AMÉRIQUE

2.1 LA CONSOLIDATION DE L'HÉGÉMONIE NORD-AMÉRICAINE - LA SECONDE GUERRE MONDIALE

À la fin de la Seconde Guerre mondiale, les États-Unis se trouvaient dans une position très privilégiée par rapport aux pays participant à la guerre. Cette situation est principalement due à leur performance pendant la guerre. Ils ont d'abord servi de producteurs d'armes, d'équipements et de nourriture pour les pays alliés. Ensuite, elle a agi militairement dans la guerre, jouant un rôle important dans son issue. Enfin, dans la période d'après-guerre, elle a agi en tant que financier et promoteur de la reconstruction du bloc capitaliste mondial et du Japon et s'est positionnée comme un représentant du monde capitaliste. Nous allons maintenant analyser chacune de ces phases.

Dans les années qui ont précédé la Seconde Guerre mondiale, le capitalisme n'était pas au mieux de sa prospérité et de son épanouissement. Les échos de la Première Guerre mondiale se font encore sentir dans les économies de plusieurs nations, qui se retrouvent dans une situation précaire, avec une inflation galopante et, dans certains cas, une hyperinflation. Le monde souffrait de la récente crise de 1929, de la déflation des prix des matières premières et des actifs, du déclin du commerce international, des crises bancaires, etc. Les États-Unis sont confrontés à un taux de chômage de 20 % parmi la population active et leurs usines ne produisent parfois qu'à 30 % de leur capacité. Dans ce contexte, le président Roosevelt lance le fameux plan *New Deal*, qui vise à relancer l'économie américaine par des politiques d'incitation gouvernementales. Malgré toutes les mesures prises, l'économie américaine n'a commencé à se redresser efficacement que lorsque l'Angleterre a déclaré la guerre à l'Allemagne en mai 1940 (BELLUZZO ; TAVARES, 2004).

La déclaration de guerre entre les nations européennes a eu un impact majeur sur les États-Unis, qui ont fait la même chose dans SGM que dans la première, mais à une échelle accrue. Dans un premier temps, ils ne sont pas allés au combat, mais ont participé en fournissant aux pays alliés du matériel de guerre, de la nourriture et d'autres biens nécessaires. En 1941, lors de l'attaque de Pearl Harbor - point décisif pour l'entrée en guerre - la production était supérieure de 40 % au niveau observé en 1929. Cela démontre que l'un des principaux facteurs du succès des États-Unis dans la guerre a été leur remarquable disponibilité de main-d'œuvre et de capacités industrielles inutilisées pendant la crise (ARRIGHI, 1996 ; WALLERSTEIN, 2004).

Comme lors de la Première Guerre mondiale, les États-Unis sont restés dans une position géographique très favorable : protégés de part et d'autre par les océans Atlantique et Pacifique, loin des conflits de la guerre. Tout d'abord, ce fait leur a permis de ne pas subir de dommages significatifs sur leur territoire et, plus important encore, les a placés dans une position idéale pour utiliser leur industrie dans le cadre de l'effort de guerre. Selon Tavares et Belluzo (2004) :

> "(...) l'exploitation de son énorme potentiel économique s'est faite dans des conditions idéales : l'"effort de guerre" légitimait la centralisation des décisions dans des organes de coordination étatiques, tandis que la "sécurité" du territoire garantissait la sécurité de l'appareil productif et des réseaux de transport et de communication. Cette situation a incontestablement stimulé le progrès technologique (notamment dans l'électronique, la chimie et la métallurgie) et l'augmentation des capacités dans de nombreux secteurs. Les secteurs des transports et des télécommunications liés à la guerre ont connu de véritables révolutions structurelles" (p. 122).

C'est ainsi qu'en décembre 1941, les États-Unis sont entrés en guerre aux côtés des Alliés de l'Axe. Ils ont joué un rôle important dans l'issue de la guerre, en participant à des batailles importantes telles que l'invasion de la Normandie et les batailles au Japon. En outre, ils ont démontré au monde toute leur puissance guerrière en faisant exploser les deux bombes atomiques à Hiroshima et Nagasaki (FERNANDES, 2015).

En résumé, le site[a] de la Seconde Guerre mondiale est un écho du site[a] de la Première Guerre mondiale. La stagnation et l'inflation élevée en Europe ont maintenu les pays dans un état de tension constant au lendemain de la Première Guerre mondiale, jusqu'à ce que la situation devienne insupportable et conduise à la Seconde Guerre mondiale. Les Américains ont joué le même rôle que lors de la guerre précédente, mais à plus grande échelle. Ils ont commencé par produire et fournir des biens aux alliés, accumulant d'énormes quantités de capital, et ont ensuite participé activement à la guerre, en allant au combat. L'un des principaux facteurs expliquant les performances des États-Unis pendant la Seconde Guerre mondiale a été la grande disponibilité de capacités industrielles inutilisées et d'une main-d'œuvre abondante, qui ne s'étaient pas encore totalement remises du grand *krach de* 29.

2.2 BRETTON WOODS, YALTA, POTSDAM ET LE DEBUT DE LA GUERRE FROIDE

Avant la fin de la Seconde Guerre mondiale, en juillet 1944, dans la petite ville de Bretton Woods, dans l'État du Massachusetts - États-Unis, les pays qui constituaient l'axe allié ont organisé une réunion pour tenter de redéfinir l'orientation de l'économie internationale dans la période d'après-guerre, craignant que la fin de la guerre ne ramène la récession des années 30. Au cours de la réunion, deux propositions sont présentées : la proposition américaine, élaborée par Harry Dexter White, et la proposition britannique, proposée par John Maynard Keynes (CARDIM, 2004). Chacune des propositions représentait plus ou moins les intérêts de son pays.

Toutefois, trois points ont fait l'objet d'un certain consensus : (1) la stabilité et la convertibilité des monnaies. La convertibilité devait être assurée par l'abolition des contrôles et des restrictions de change ; (2) les experts ont convenu qu'une certaine forme de réserve internationale devait être disponible pour l'assistance à court terme, permettant des solutions économiques expansionnistes pour équilibrer les déficits des paiements ; (3) les deux parties ont vu la nécessité de créer de nouvelles méthodes de gestion de l'économie internationale qui permettraient le mouvement des capitaux et le commerce tout en promouvant la stabilité macroéconomique et le plein emploi dans les économies nationales (IKENBERRY, 1993).

La proposition britannique se fonde presque entièrement sur les propositions faites par Keynes dans les différents documents qu'il a rédigés avant la réunion. Ces documents soulignaient qu'une réforme de l'étalon monétaire international devrait créer les conditions d'une expansion de la demande effective nationale et du commerce international, tandis que la monnaie remplirait avant tout la fonction de moyen d'échange. A cette fin, il serait nécessaire de créer une Banque centrale mondiale contrôlant la monnaie internationale de manière à fournir des liquidités pour l'expansion du commerce entre les nations tout en couvrant les besoins d'ajustement à court terme de la balance des paiements (FERRARI, 1994).

Ainsi, lors du sommet de Bretton Woods, la proposition britannique était de créer l'*Union de compensation*, une "Banque centrale des banques centrales". Cette institution serait chargée d'émettre la monnaie internationale (le *bancor*) à laquelle seraient liées les monnaies nationales. Les fluctuations de la balance commerciale se traduiraient par des déficits ou des excédents en *bancor* auprès de l'Union de *compensation*. Enfin, la proposition britannique prévoyait un mécanisme d'égalisation de la charge des ajustements de la balance des paiements, qui pénalisait les pays excédentaires tout en facilitant le crédit aux pays déficitaires. Elle visait ainsi à éviter les ajustements déflationnistes et à maintenir les économies nationales au plein emploi (BELLUZO, 1995).

La proposition américaine, connue sous le nom de Plan blanc, maintient l'or comme réserve internationale. La parité entre les monnaies serait fixée et les ajustements de taux de change ne seraient permis qu'avec l'autorisation d'un fonds de stabilisation dans des cas exceptionnels. Ce fonds superviserait les politiques économiques des pays membres et fournirait des fonds pour permettre des ajustements temporaires de la balance des paiements. Parallèlement à ce fonds, une banque internationale serait créée pour contribuer à la fourniture de liquidités pour les échanges entre les membres, en plus de rendre les ajustements de la balance des paiements plus flexibles (OLIVEIRA, MAIA et MARIANO, 2008).

La proposition acceptée et ratifiée lors de la réunion est celle de Dexter White. L'or restant la réserve internationale, la nécessité de créer une mesure de parité s'est imposée. Les étalons monétaires adossés à l'or ont déjà montré leurs limites et, à la fin de la Seconde Guerre mondiale, le seul pays économiquement en mesure d'établir une parité avec l'or est les États-Unis. En effet, ils étaient le seul pays excédentaire et détenaient 70 % des réserves d'or mondiales. La monnaie choisie pour établir la parité a donc été le dollar, ce qui a créé une nouvelle phase dans l'économie mondiale, tout en consolidant l'hégémonie financière des États-Unis. Le nouvel étalon fixe l'once d'or à trente-cinq dollars, tandis que les autres monnaies nationales sont rattachées au dollar (IDEM).

Ainsi, le nouvel étalon monétaire adopté ressemblait beaucoup à l'ancien étalon livre-or. La différence réside dans le fait que le dollar est la monnaie clé du système (monnaie pour les transactions internationales). Un autre changement dans le nouvel étalon est qu'il n'autorise que les États et les banques centrales à retirer des dollars en or - la population ne peut pas exercer ce droit. Ainsi, dans le système de Bretton Woods, les États-Unis émettaient une quantité de dollars égale à la quantité d'or dans leurs coffres, tandis que les autres pays pouvaient retirer des dollars dans le cadre de la parité établie entre le dollar-or et les autres monnaies avec le dollar. En ce sens, les autres pays utilisaient le dollar comme monnaie de réserve et émettaient leurs monnaies locales en fonction de la quantité de dollars dont ils disposaient (ROTHBARD, 2010).

Comme prévu dans les accords, une série d'institutions ont été créées, dont les principales sont les Nations unies, le Fonds monétaire international (FMI) et la Banque mondiale, dans le but d'internationaliser le système politico-économique américain et d'accroître les flux commerciaux entre les pays (SIMON, 2011). Toutes ces institutions étaient placées sous la tutelle politique des États-Unis et ont joué le rôle de piliers importants du nouveau système interétatique qui a émergé sous l'hégémonie émergente des États-Unis (COSTA, 2005).

Après la réunion du New Hampshire, le Congrès américain a ratifié la proposition de l'Union européenne en juillet 1945. Ils pouvaient ainsi commencer à consolider leur hégémonie financière sur les autres pays du monde.

La question financière étant résolue, il restait deux questions à régler : (1) l'Union soviétique, représentante du socialisme et première puissance militaire terrestre, et (2) la fin du colonialisme, marque de l'hégémonie britannique, aujourd'hui en déclin. À cette fin, deux conférences sont cruciales : Yalta et Potsdam.

En février 1945, avant la fin de la guerre, les trois dirigeants des grandes puissances alliées - Roosevelt, Churchill et Staline - se sont rencontrés dans la ville de Yalta, en Crimée.

Parmi les principales questions débattues figurent : (1) la question des frontières entre l'URSS et la Pologne - les territoires polonais et roumains sont cédés aux Soviétiques ; (2) les pays limitrophes de l'Union soviétique ne doivent pas avoir de gouvernements antisoviétiques. (VASCONCELLOS ; MANSANI, 2013) En outre, le désarmement et la démilitarisation de l'Allemagne ont été définis à Yalta, ainsi que la division du territoire et de la capitale allemands en quatre parties, chacune étant commandée par l'un des pays alliés - la France, l'Angleterre, les États-Unis et l'URSS (MUNHOZ,

2009).

Plus tard, en juillet 1945, une autre conférence s'est tenue, cette fois en Allemagne, dans la ville de Potsdam. Les discussions devaient s'inscrire dans la continuité de celles de Yalta, mais elles ont pris une tournure légèrement différente. Roosevelt est décédé et a été remplacé par Truman, qui avait des idées différentes de celles de son prédécesseur. Une autre variable importante de cette conférence est l'annonce de la réussite du projet Manhattan, qui fait des États-Unis la seule nation dotée de la puissance atomique (VASCONCELLOS ; MANSANI, 2013). Toujours à Potsdam, il est décidé que l'Allemagne ne sera pas démembrée en quatre parties, mais que la division du territoire sera maintenue, tout en le traitant comme une seule unité (MUNHOZ, 2009).

Après ces deux conférences et la fin de la guerre, le scénario de la guerre froide était déjà fixé. Comme le souligne Arrighi dans son livre "The Long Twentieth Century", ces réunions ont défini une nouvelle configuration mondiale, modifiant de manière significative le modèle interétatique adopté. Les conférences en question ont défini la fin du système colonialiste anglais, puisqu'il a été convenu que les États-Unis domineraient % du monde, tandis que l'Union soviétique aurait des droits sur les % restants.

En bref, à la fin de la Seconde Guerre mondiale, il était déjà possible de constater que la situation dans laquelle se trouvaient les Etats-Unis était celle d'une grande supériorité par rapport aux puissances européennes détruites. Cependant, pour s'élever au rang d'hégémon, ils doivent s'affirmer sur trois points : (1) financier, (2) idéologique et (3) organisationnel. Pour résoudre le premier point, elle a utilisé la proposition de Harry Dexter White lors de la Convention de Bretton Woods. Ils ont ainsi réussi à faire du dollar la monnaie forte du système interétatique, ce qui leur a garanti une position privilégiée dans le jeu mondial. À Bretton Woods, ils ont réussi à résoudre le troisième point. La Grande-Bretagne disposait encore de vastes domaines géographiques issus de son hégémonie déclinante. La création d'institutions internationales telles que les Nations unies, le Fonds monétaire international et la Banque mondiale a joué un rôle important dans l'effondrement du système colonialiste anglais. En ce qui concerne le conflit idéologique, les conventions de Yalta et de Potsdam ont défini la nouvelle géographie spatiale du système interétatique bipolaire émergent et ont contribué à l'effondrement du modèle colonialiste.

Enfin, les États-Unis sont en mesure d'exercer leur hégémonie. Ils disposaient du revenu le plus élevé au monde, de la plus grande puissance militaire avec des bases dans plusieurs autres pays, d'un rôle quasi monopolistique dans la production industrielle, du plus grand progrès scientifique et de la conviction que ce n'est que sous leur égide que le monde occidental pourrait prospérer dans la paix. Le décor était planté pour le monde bipolaire de la guerre froide, avec les États-Unis comme centre hégémonique du côté occidental.

2.3 L'APRÈS-GARRE : LA GUERRE FROIDE ET L'AGE DU SYSTÈME DE BRETTON WOODS

En possession de 70 % de l'or mondial et avec leur monnaie devenue la première monnaie du monde, les États-Unis sont sortis souverains et entiers, c'est-à-dire sans avoir besoin de reconstruire un pays détruit par la guerre. Le rôle de "grenier de la guerre" a permis à la balance commerciale américaine de dégager des excédents massifs, et même après la fin de la guerre, les efforts de reconstruction ont poursuivi cette tendance. En outre, pour la première fois de leur histoire, les États-Unis avaient plus de droits sur les revenus générés à l'étranger que de droits à payer sur les revenus nationaux. Cette situation a fait des États-Unis un quasi-monopole de la liquidité mondiale, surtout si l'on considère la demande des autres pays pour leur monnaie (ARRIGHI, 1996).

En raison des efforts de guerre considérables imposés à la population américaine, une grande quantité de pouvoir d'achat a été accumulée sous la forme d'actifs financiers émis par le gouvernement pour financer la guerre. L'industrie des biens durables, par exemple, a fortement bénéficié de l'empressement de la population à échanger ses voitures, réfrigérateurs, etc.

Dans la sphère extérieure, il y avait deux questions clés à la fin de la guerre, l'une politico-militaire - l'Union soviétique, représentante du socialisme, et l'autre économique - la reconstruction de l'Europe et du Japon (ARRIGHI, 1996 ; WALLERSTEIN, 2004).

L'acceptation du communisme immédiatement après 1945 a été remarquable. De nombreux pays européens l'ont démontré lors des élections. Comme le souligne Wallerstein (2004), "(...) [les partis communistes] ont remporté 25 à 40 % des voix lors des premières élections de l'après-guerre en France, en Italie, en Belgique, en Finlande et en Tchécoslovaquie" (p. 41). (p. 41)

Ainsi, les deux premières années de l'après-guerre ont été marquées par de fortes tensions internes dans de nombreux pays européens. Jusqu'à ce qu'en 1947, la Grande-Bretagne, décadente et dévastée, soit incapable de maintenir son aide aux gouvernements anticommunistes grec et turc. Cela a marqué un changement radical dans la politique étrangère des États-Unis et a donné naissance à l'un des piliers de la guerre froide : la doctrine Truman (WALLERSTEIN, 2004).

Historiquement, les États-Unis ont maintenu une position politique isolationniste, cherchant à ne pas trop s'impliquer dans des facteurs externes. Toutefois, lorsqu'ils ont pris conscience de leur position centrale dans le nouveau système interétatique créé, en tant que puissance industrielle la plus importante et la plus productive et en tant que principal détenteur de richesses, ils se sont trouvés dans l'obligation de modifier cette position, principalement en raison de la consolidation de l'Union soviétique et de l'expansion du socialisme (ARRIGHI, 1996).

En mars 1947, le président Truman a prononcé un discours devant le Congrès annonçant une aide à la Grèce et à la Turquie, positionnant les États-Unis comme un bastion du libre-échange. La doctrine Truman, comme on l'appelle désormais, est une étape importante de la politique d'endiguement du socialisme adoptée pendant la guerre froide. Le monde a été averti que si les idées socialistes progressaient, les États-Unis seraient prêts à intervenir. En outre, il est devenu évident que les pays devraient faire un choix : s'allier au monde libre ou au rideau de fer soviétique (IKENBERRY, 1996).

Maintenant, au-delà du plan politique, une autre question s'imposait : comment sécuriser les marchés

13

européens ? Après tout, l'industrie nord-américaine était imposante, il n'y avait pas de concurrents. Tous avaient été détruits par la guerre. Le problème était l'absence de demande pour leur production (WALLERSTEIN, 2004).

Dans ce scénario, le principal train de mesures lancé dans le cadre de cette nouvelle politique étrangère était le plan Marshall. Il vise la reconstruction des pays européens pour deux raisons : (1) la puissante industrie américaine a besoin de marchés pour ses produits ; (2) l'expansion socialiste représente un risque pour les intérêts américains, de sorte que la reconstruction rapide des pays alliés servira à contenir l'expansion socialiste tout en servant de propagande pour le monde qu'ils articulent (IDEM).

Pour ce faire, le plan a accordé des prêts à faible taux d'intérêt aux pays européens pour qu'ils achètent des produits américains. En retour, leurs économies ont été ouvertes aux investissements américains. Cela a entraîné (1) la possibilité pour les États-Unis de maintenir leurs niveaux de production, (2) une augmentation du commerce international et des accords bilatéraux, (3) la promotion des entreprises privées et de l'économie américaine, (4) la consolidation des États-Unis en tant qu'alliés des pays ayant accepté le plan, et (5) la consolidation du capitalisme en tant que forme dominante en Europe occidentale (SIMON, 2011).

Jusqu'à la fin des années 1950, le système interétatique centré sur le dollar a largement favorisé l'économie américaine. La reconstruction de l'Europe occidentale a été rentable et les entreprises américaines ont prospéré. Les pays européens ont coopéré avec le système de Bretton Woods, évitant les attaques spéculatives contre le dollar et conservant l'or dans les coffres de la réserve fédérale (OLIVEIRA ET AL, 2008).

Arrighi (1996) souligne que la guerre de Corée a été d'une grande importance sur la scène mondiale. Le réarmement généré pendant et après la guerre a fourni de grandes liquidités à l'économie mondiale. Les États-Unis ont agi à l'étranger en fournissant une aide militaire et en effectuant des dépenses militaires directes à l'étranger, fournissant ainsi toutes les liquidités nécessaires à l'expansion de l'économie mondiale. Détenant la monnaie forte du système, ils ont agi comme une banque centrale plutôt indulgente et permissive, permettant au commerce et à la production mondiaux de se développer à une vitesse jamais vue auparavant. La période de 23 ans commençant par la guerre de Corée et se terminant par les accords qui ont pratiquement mis fin à la guerre du Viêt Nam en 1973, est appelée "l'âge d'or du capitalisme". (ARRIGHI, 1996, p. 307)

Mais au milieu d'une telle prospérité, dans les années 1960, l'Europe et le Japon avaient fini de se reconstruire. L'industrie américaine ne disposait plus d'un tel avantage sur ses nouveaux concurrents. Les marchés nationaux avaient été reconquis et pouvaient concurrencer les produits américains à l'échelle internationale (WALLERSTEIN, 2004).

Malgré les signes d'essoufflement, en 1961, le cours du dollar avait déjà dépassé la parité proposée à

Bretton Woods. Afin de maintenir le système, le *Pool de l'or* a été créé, où les pays signataires se sont engagés "à ne pas convertir leurs dollars en or et, en outre, à vendre de l'or provenant de leurs réserves afin de maintenir la convertibilité". (OLIVEIRA ET AL, 2008)

Ainsi, en 1967, un facteur fort d'instabilisation du système de Bretton Woods s'est produit : le retrait de la France du *Gold Pool* a contraint les États-Unis à augmenter leur part dans le fonds, ainsi que la dévaluation de la livre, qui a accru la méfiance des agents économiques vis-à-vis de la convertibilité du dollar (EICHENGREEN, 2000 *APUD* OLIVEIRA ET AL, 2008, p.207).

En résumé, lorsque le rideau de l'après-guerre s'est ouvert, les États-Unis se sont retrouvés en situation de quasi-monopole des liquidités et de la production mondiale, avec un marché intérieur à forte demande refoulée et avide de consommation. Cependant, dans la sphère extérieure, deux problèmes sont apparus comme des obstacles : (1) l'Union soviétique, qui possédait désormais une puissance de guerre atomique et défendait l'idéologie socialiste, et (2) l'absence de demande pour la production américaine. Ces questions ont donné naissance aux deux piliers de la politique étrangère américaine pendant la période de la guerre froide : la doctrine Truman et le plan Marshall. La doctrine Truman était la solution à l'avancée communiste au-delà de ce qui avait été décidé à Yalta. En bref, elle prévoyait une intervention militaire américaine dans tout territoire où le communisme tentait de dominer. En raison de l'absence de demande pour leurs produits, ils ont utilisé le plan Marshall pour reconstruire les pays détruits par la guerre et montrer au monde les avantages d'une alliance avec le monde libre. Cependant, dans les années 1960, l'initiative de reconstruction des pays alliés a été à l'origine de l'ébranlement du système de Bretton Woods. Les relations harmonieuses entre les États-Unis, l'Europe et le Japon ont été rompues dès que ces pays ont été en mesure d'entrer à nouveau en concurrence sur les marchés nationaux et internationaux.

2.4 LA CRISE DU SYSTÈME DE BRETTON WOODS ET LE DÉCLIN HÉGÉMONIQUE Vers la fin des années 1960, le système interétatique proposé à Bretton Woods commence à montrer des signes de rupture. Outre le retrait de la France du *Pool de l'or*, d'autres facteurs exercent une pression sur le système : la concurrence industrielle des pays reconstruits d'Europe occidentale et du Japon, le marché de l'eurodollar (EM) et la guerre du Vietnam, qui pénalise la balance des paiements et aggrave la crise budgétaire et de politique étrangère.

La reconstruction de l'industrie dans les pays d'Europe occidentale, en particulier en Allemagne, et au Japon commençait à peser sur l'industrie américaine. Comme on pouvait s'y attendre, la promotion de la reconstruction et, surtout, de l'industrialisation dans ces pays a entraîné une forte augmentation de la concurrence mondiale. Par conséquent, la pression sur le taux de profit s'est faite au détriment de l'augmentation de la compétitivité, sapant la position dominante de l'industrie américaine et son équilibre accumulé au cours des années précédentes (WALLERSTEIN, 2004). La guerre du Viêt Nam a été un autre coup dur pour les comptes et la confiance du système. Bien qu'il s'agisse de l'effort de guerre le plus important de l'histoire jusqu'à cette époque, il s'agit d'une longue guerre dans laquelle

15

les États-Unis n'ont pas réussi à s'imposer. Après de longues années d'efforts pour maintenir la guerre, ils ont perdu leur crédibilité en tant que puissance policière dans le monde occidental et, en même temps, le contrôle du système monétaire international. Cela s'est produit parce que les coûts élevés de la poursuite de la guerre et de la lutte contre l'opposition intérieure ont renforcé les pressions inflationnistes dans le monde entier, aggravant la crise budgétaire américaine et conduisant à l'effondrement de l'étalon-dollar-or (ARRIGHI, 2008).

Le marché des eurodollars a été un autre agent puissant dans ce processus de restructuration interétatique. La formation d'un tel marché est un accident de l'accumulation américaine. L'esquisse d'un tel marché est apparue dès 1950 à la suite de la guerre froide. La méfiance du bloc communiste à l'égard de l'Occident était latente, mais il fallait détenir un certain nombre de dollars pour commercer avec l'Occident. Ces dollars étaient conservés dans des banques européennes. En outre, il y a eu une forte migration des capitaux des entreprises américaines vers l'Europe, ce qui a conduit les grandes banques américaines à opérer en Europe, bénéficiant des coûts inférieurs et de la plus grande liberté d'action offerts par les opérations bancaires à l'étranger et le marché des eurodollars. (ARRIGHI, 1996) Ainsi, comme le définit Arrighi (1996) :

> "La crise imminente du régime américain a été signalée entre 1968 et 1973 dans trois domaines distincts et étroitement liés. Sur le plan militaire, l'armée américaine a rencontré des difficultés de plus en plus graves au Viêt Nam ; sur le plan financier, le système de la Réserve fédérale américaine a éprouvé des difficultés, puis s'est trouvé dans l'impossibilité de préserver le mode d'émission et de régulation de la monnaie mondiale mis en place en 1933.
>
> Bretton Woods et, sur le plan idéologique, la croisade anticommuniste du gouvernement américain a commencé à perdre sa légitimité à l'intérieur du pays et à l'étranger. La crise s'est rapidement détériorée et, en 1973, le gouvernement américain avait reculé sur tous les fronts". (p. 310)

2.5 DES ANNÉES 70 À L'AN 2000

Wallerstein (2004) qualifie les années 1970 de "longue période de stagnation". Une période de stagnation dans le système mondial peut être définie lorsque, par rapport à la période précédente, on constate "une baisse considérable des profits réalisés dans la production". Une telle baisse produit trois effets marqués dans le système interétatique, à savoir : (1) les propriétaires de capitaux déplacent leurs initiatives de profit de la sphère productive vers la sphère financière ; (2) une forte augmentation du niveau de chômage mondial ; (3) des déplacements significatifs se produisent des zones de production vers les régions où les salaires sont plus bas.

Le marché des eurodollars, qui a participé activement à l'effondrement du système de Bretton Woods, a connu une croissance exponentielle depuis les années 1960, allant jusqu'à quadrupler la valeur des obligations en devises européennes entre 1967 et 1970. À cela s'ajoutent des conditions défavorables au réinvestissement des bénéfices dans des activités commerciales en Europe et, plus encore, aux États-Unis. Ainsi, les multinationales américaines ont commencé à investir leurs bénéfices sur ces nouveaux marchés financiers plutôt que de les rapatrier (ARRIGHI, 2008).

Jusqu'à ce que, en 1971, le président Richard Nixon décrète la fin de la convertibilité qui était au cœur de Bretton Woods. En 1973, les États-Unis ont introduit des taux de change flottants. Cependant, après avoir été incapables de tenir leur promesse antérieure de parité, la demande de dollars pour les transactions s'est effondrée en raison du manque de confiance et des dévaluations ultérieures du dollar (BELLUZZO ; TAVARES, 2004). Avec la chute de l'étalon or-dollar, une concurrence croissante entre les agents de l'État américain et les contrôleurs privés sur la production de la monnaie et du crédit mondiaux a commencé. Dans ce scénario, trois tendances étaient à l'œuvre : (1) la fin des taux de change fixes a donné un nouvel élan à la financiarisation du capital, car elle a augmenté le risque et l'incertitude dans les activités commerciales et industrielles ; (2) la perte de crédibilité en tant que gendarme du monde et la grande dévaluation du dollar ont conduit les pays du tiers monde à adopter une position plus agressive dans la négociation des prix des matières premières industrielles, en particulier le pétrole, après la flambée des prix de 1973 ; (3) l'immense offre mondiale de pétrole et de produits pétroliers a augmenté de façon exponentielle ; (3) l'immense offre mondiale de monnaie et de crédit n'a pas été accompagnée par des conditions de demande capables d'empêcher la dévaluation du capital financier et, pire encore, l'augmentation de la demande a généré plus de pressions inflationnistes que l'augmentation de la dette solvable. (ARRIGHI, 2008)

Depuis de nombreuses années, plusieurs pays et entreprises dans le monde ont emprunté massivement grâce au flot de crédit généré par les pétrodollars. Cependant, face à l'insolvabilité croissante et à l'importance des emprunts, ainsi qu'à l'instabilité qui règne depuis la fin de l'étalon or-dollar, la Réserve fédérale a opté unilatéralement pour une hausse des taux d'intérêt. En imposant cette hausse des taux d'intérêt, les États-Unis ont pu rétablir le dollar comme monnaie forte du système et ont provoqué une importante crise de liquidité mondiale (BELLUZO ; TAVARES, 2004). En outre, la hausse des taux d'intérêt a repositionné les États-Unis sur le plan mondial. En réduisant les incitations à l'expansion du crédit, ils sont passés du statut de fournisseur de monnaie à celui de demandeur de monnaie. Ainsi, après Bretton Woods, les États-Unis ont tenté de restructurer le système avec ce que l'on appelle la contre-révolution monétariste, qui repose sur la coopération et la concurrence entre les États. Ils coopèrent en période de crise et se font concurrence en période de prospérité.

Les années 80 ont commencé par une grande vague d'endettement dans le tiers monde et se sont terminées par la fin du communisme. Au cours de la décennie, les États-Unis ont commencé à souffrir de plus en plus de l'augmentation de la dette extérieure, tandis que l'industrie japonaise et européenne augmentait sa part du marché mondial. Alors que les États-Unis investissaient dans des objectifs militaires, leurs concurrents créaient des avantages en investissant dans des technologies de production (COSTA, 2005).

Au début des années 1980, le président Reagan s'est lancé dans une politique monétaire dure et un "keynésianisme abâtardi". Ces mesures ont eu pour effet de favoriser les plus riches, d'accroître le déficit budgétaire et d'augmenter les taux d'intérêt. Avec des taux d'intérêt plus élevés et une surévaluation forcée du dollar, la FED a pu reprendre le contrôle du système bancaire privé international (TAVARES, 1985).

L'économie américaine a également changé d'orientation. Ils ont commencé à investir massivement dans le secteur tertiaire et les industries de haute technologie. Ils ont laissé l'ancienne structure industrielle aux pays périphériques, tout en concentrant leurs capitaux dans de nouveaux secteurs. De cette manière, ils ont externalisé une grande partie de leur production tout en étant capables d'investir massivement dans le secteur financier (IDEM).

La fin des années 1980 a été marquée par l'atout idéologique des États-Unis, avec le début de la fin du régime soviétique et le retour en force de l'économie américaine en tant que "*locomotive commerciale*" du système mondial (TAVARES, 1985). Cependant, les années 1990 commencent avec une économie à faible croissance et de faibles gains de productivité. Jusqu'en 1995, l'économie ne se portait pas bien, mais de 1996 à 2000, elle a connu une reprise, largement due à l'amélioration de l'efficacité de la production et à la baisse des coûts dans le secteur des technologies de l'information. En bref, la pression concurrentielle a entraîné des améliorations significatives dans le secteur des technologies de l'information, ce qui a conduit à une baisse des prix et à une augmentation des investissements des particuliers et des entreprises (HARRIS, 2010).

Les années 1990 ont été marquées par la politique dite de "grande modération", dans laquelle les États-Unis ont lancé l'idéologie néolibérale comme une recette à suivre par le reste du monde. Cette attitude a provoqué plusieurs crises dans le monde au cours de cette période, notamment au Mexique, en Russie et au Brésil.

De cette manière, l'acceptation forcée du "libre marché" et de la mondialisation a été proposée à l'époque. La démonstration de force contre l'Irak après l'invasion du Koweït a mis en évidence les principes d'organisation de la nouvelle géopolitique mondiale des États-Unis. Sans concurrent mondial, ils étaient libres d'agir comme bon leur semblait dans le monde. Ainsi, un projet consensuel s'est créé, avec des divergences dans les méthodes d'action, entre républicains et démocrates visant un empire mondial (ARMSTRONG, 2013).

Les années 2000 ont commencé par un événement majeur qui a fortement affecté le système interétatique : les attaques terroristes du 11 septembre 2001 à New York. Cet attentat a remis en question la puissance américaine, car les responsables ne représentaient pas une puissance militaire organisée, ou quoi que ce soit de ce genre, et pourtant ils ont réussi à pénétrer et à consommer leur attaque au sein de la plus grande puissance de guerre du monde, remettant en question la véritable puissance américaine. Après les attentats, le président Bush a déclaré la guerre au terrorisme en adoptant la position "vous êtes avec nous ou contre nous". Depuis, les États-Unis sont en guerre contre l'Afghanistan et l'Irak, leur dette extérieure augmente et la confiance du reste du monde dans leur économie diminue (WALLERSTEIN, 2004). En outre, la crise économique mondiale qui a éclaté en 2008 aux États-Unis, connue sous le nom de crise des *subprimes, a* soulevé des questions quant à la durée de vie de la puissance hégémonique des États-Unis.

En bref, les années 1970 ont marqué l'effondrement du système de Bretton Woods. À partir de 1971, le monde a commencé à vivre avec l'étalon dollar flexible. Lors de sa mise en œuvre, il a connu plusieurs difficultés et a failli ne pas s'imposer. Cependant, la hausse des taux d'intérêt américains et la révolution contre-monétariste ont repositionné les États-Unis sur la scène mondiale. Les années 1980 sont caractérisées par un keynésianisme abâtardi et une politique monétaire dure. Ces deux facteurs ont provoqué une forte redistribution des revenus en faveur des plus riches, conduit à la reprise du contrôle du système bancaire privé international et jeté les bases de la réorientation de l'industrie américaine vers les secteurs de haute technologie, principalement les technologies de l'information au cours de cette décennie. Les années 1990 ont été marquées par la politique de grande modération adoptée par le pays, qui a commencé à prôner l'idéologie néolibérale comme la voie à suivre pour le monde en développement. Sur le plan économique, ce n'est qu'à partir de 1996 qu'une évolution est constatée grâce à l'augmentation de l'efficacité de la production et à la diminution des coûts informatiques. Le début du 21e siècle est marqué par les attaques terroristes du 11 septembre. Ces attaques ont provoqué un ébranlement majeur de l'hégémonie américaine et plusieurs doutes sur sa capacité réelle à exercer sa puissance militaire dans le monde. De plus, la crise de 2008 a catalysé le déclin des États-Unis.

CHAPITRE 3

CHINE

3.1 LA CHINE D'APRÈS-GUERRE ET L'ÈRE MAO

Après la fin de la Seconde Guerre mondiale, la Chine est entrée en guerre civile. Les nationalistes et les communistes s'affrontent. Entre 1946 et 1949, le pays a souffert de taux d'inflation élevés et de coûts importants liés à la guerre. Finalement, le 1er octobre 1949, l'Armée populaire de libération a remporté la victoire.

Le régime chinois sous Mao est marqué par la centralisation des ressources économiques par le gouvernement, la répression de la consommation, la restriction des migrations entre les villes et les campagnes, l'extraction intense des surplus agricoles par la collectivisation des terres et le ciseau des prix entre les produits agricoles et industriels (HUNG, 2008).

Mao considérait la société chinoise comme stagnante. Il considère que les relations sociales sont figées dans le temps, en raison de l'idée que l'empereur est une figure divine et que ses décisions doivent être respectées. De plus, il voyait le peuple chinois fragmenté en plusieurs clans avec une séparation rigide entre les classes sociales. Pour briser ce cycle, Mao estime qu'il est nécessaire de ne pas permettre à une classe de consolider son pouvoir, en l'empêchant de bénéficier du *statu quo*. Sa volonté d'instaurer une société égalitaire sera brièvement analysée en trois phases : (1) la révolution de 49, (2) le Grand Bond en avant et (3) la révolution culturelle. (MILARÉ ; DIEGUES, 2012) Lors de l'établissement de la République populaire de Chine (RPC), l'un des principaux facteurs de son succès a été la compréhension, par les différentes couches de la société (paysans, ouvriers et lettrés), de la nécessité d'une redistribution des terres. L'union autour de cet objectif commun a permis de coordonner la société et l'économie en vue de l'industrialisation. Le plan de développement de l'industrie chinoise était étroitement lié à la production dans les campagnes. L'approvisionnement en matières premières est au cœur du processus industriel, sans lequel il n'y a pas de production. De plus, dans une économie peu développée, la seule source de revenus étrangers est le secteur primaire. Ces revenus permettent l'achat de machines pour financer l'industrialisation du pays" (IDEM).

Au cours des années suivantes, une vague de nationalisations et de fusions entre entreprises privées et publiques a permis au gouvernement chinois de contrôler l'économie. En outre, l'Union soviétique a soutenu la Chine en l'aidant à mettre en œuvre l'économie planifiée dans le cadre de plans quinquennaux. Elle a également fourni une aide financière pour l'industrialisation du pays.

Cependant, en 1958, cette relation a été ébranlée et Mao a lancé son deuxième grand projet pour la Chine : le Grand Bond en avant. Ce projet marque la rupture des relations entre la Chine et l'Union soviétique. Fort du succès de la collectivisation des terres et de la récolte de 1957, Mao annonce son nouveau plan quinquennal. L'objectif est de faire passer l'économie chinoise d'un statut agraire à un statut industriel, conformément aux préceptes marxistes. Cependant, le résultat a été catastrophique, en grande partie à cause de la famine provoquée par la mauvaise gestion des récoltes, et on estime que 20 à 43 millions de Chinois sont morts au cours de cette période. En conséquence, le plan a fini par être achevé avec trois ans d'avance sur le calendrier (JACOB, 2013).

Après l'échec du Grand Bond en avant, Mao a lancé en 1966 son dernier projet, connu sous le nom de "révolution culturelle". Cette fois, la jeunesse chinoise est en guerre contre les "quatre vieilles" : les vieilles coutumes, la vieille culture, les vieilles habitudes et les vieilles idées. En août 1966, Mao a créé la "Garde rouge", chargée de punir les fonctionnaires et toute autre personne ayant des tendances bourgeoises (SZCZEPANSKI, 2015). Malgré ces problèmes importants, la cohésion sociale du régime de Mao reposait sur la garantie par le parti de la gratuité des soins de santé, de l'éducation, de l'emploi et d'autres services communautaires de base pour les travailleurs par l'intermédiaire des entreprises d'État et des communes rurales. À cette époque, la Chine a connu une forte croissance du PIB et une expansion rapide du réseau de capitaux d'État. Ainsi, dans les années 1970, malgré la stagnation à laquelle elle était confrontée, la Chine disposait d'un capital important entre les mains de l'État et d'un vaste réservoir de travailleurs en bonne santé et instruits dans les campagnes (HUNG, 2008).

3.2 LA NOUVELLE CHINE

Deng Xiaoping a lancé le projet chinois de transition d'une économie planifiée vers une production mixte et entièrement privée dans les campagnes et les villes. Au cœur de ces réformes se trouvaient deux fondements : (1) le système de responsabilité des ménages et (2) la politique de la porte ouverte. Ces mesures concernent respectivement la propriété et le commerce extérieur (GUERRA, 2009).

En 1978, les dirigeants locaux de la province d'Anhui ont autorisé les agriculteurs à poursuivre leur production au-delà du quota de stockage local. Cette mesure a permis aux agriculteurs de commercialiser leurs excédents, ce qui a entraîné un fort gain de productivité dans les zones rurales, augmentant ainsi les revenus et la production. Le système s'est répandu assez rapidement, atteignant 93 % des zones rurales en 1983. Un contrat de bail a été établi, en vertu duquel l'agriculteur payait, avec des quotas de production décroissants au fil du temps, une parcelle de terre cédée par l'État (OLIVEIRA, 2008).

En ce qui concerne le commerce extérieur, la politique de la porte ouverte, la "Chinese Markets Steamship Company" a été créée la même année à Shenzhen dans le but de vendre de l'acier provenant de navires démantelés à l'industrie de la construction de Hong Kong. En raison de la crise du yuan l'année suivante, l'industrie s'est réorientée vers l'industrie légère et a suggéré au gouvernement de stimuler les investissements étrangers, adoptés dans la même zone industrielle spéciale de Shekou (WANG, 1986 ; *APUD* GUERRA, 2004, p. 56).

En adoptant la mesure d'ouverture progressive aux entrées de capitaux, la Chine a adopté une position sélective à l'égard de ses importations : elle voulait qu'elles fonctionnent comme un multiplicateur et un incorporateur de technologies et de biens d'équipement, afin de fournir des avantages compétitifs à l'industrie chinoise naissante. Le seul moyen de financer de telles ambitions était de promouvoir les exportations. C'est ainsi qu'en 1982, des zones économiques spéciales (ZES) ont été créées dans les régions côtières les plus proches des marchés asiatiques prospères tels que Hong Kong et le Japon. Ces zones étaient ouvertes aux capitaux étrangers et visaient à produire pour le marché étranger. Elles bénéficiaient également d'avantages fiscaux, d'une liberté de change, d'installations logistiques et portuaires, d'une autonomie administrative et d'un financement public. Le projet de modernisation industrielle était donc un projet hybride, qui maintenait la propriété publique des entreprises tout en encourageant la diffusion d'entreprises non publiques, telles que les entreprises municipales et villageoises (EVM) et les *coentreprises* (OLIVEIRA, 2008).

Depuis les années 1980, la croissance moyenne de la Chine a été plus élevée que celle de tout autre concurrent d'Asie de l'Est, avec un taux de croissance moyen de près de 10 %. En outre, rien qu'entre 1990 et 2002, la Chine a réduit le nombre de personnes vivant avec moins d'un dollar par jour de 490 millions à 88 millions. L'IDH est passé de 0,53 en 1975 à 0,78 en 2006 et la population urbaine est passée de 18 % en 1978 à 44 % du total en 2006 (NONNENBERG, 2010).

Derrière cette croissance, il y a des éléments qui ont favorisé cette performance. La Chine s'est industrialisée plus tardivement que les "tigres asiatiques", ce qui lui permet de profiter des lacunes laissées par ces pays pour se développer. Les tigres asiatiques, à un stade de développement plus élevé que la Chine, ont commencé à déléguer les étapes de la production avec de plus grands avantages compétitifs. Avec les avantages des ZES, cela a permis à la Chine de devenir une partie importante de la production et de la commercialisation de biens destinés au marché extérieur de l'Asie du Sud-Est. Cette situation a favorisé un processus d'internalisation du *savoir-faire* qui, associé à une politique industrielle active visant à favoriser les liens interindustriels en amont et en aval des nouvelles entreprises entrant sur le marché, a permis à la Chine d'atteindre de nouveaux niveaux en termes de complexité industrielle et de biens technologiques, et donc de biens à plus forte valeur ajoutée. (OLIVEIRA, 2008)

Commencées dans les années 1980 et accélérées à partir des années 1990, les réformes du marché chinoises ont fait de la Chine un exportateur à la traîne en Asie de l'Est. En raison de sa taille démographique et économique et de son indépendance géopolitique vis-à-vis des États-Unis, la Chine était considérée comme un pays capable de rompre le cycle de dépendance vis-à-vis du Nord. Cependant, le modèle de croissance chinois, malgré son succès, a rendu la Chine plus dépendante de ce marché que les autres économies d'Asie de l'Est. Ayant adopté le même modèle de développement que l'Asie de l'Est - industrialisation axée sur les exportations, faible consommation et épargne élevée -, elle l'a poussé à l'extrême en raison de sa taille (HUNG, 2008).

La croissance chinoise est étroitement liée à la consommation des marchés européens et nord-américains. Cependant, cette relation avec les marchés centraux qui favorise le développement chinois a relégué la Chine au rang de producteur manufacturier à bas coût. De plus, en tant que premier partenaire commercial de l'économie américaine, la stratégie du gouvernement chinois était de devenir le premier créancier de l'économie américaine dès 2014. Cela s'explique par l'intérêt de la Chine et de l'Asie de l'Est à maintenir l'économie américaine au chaud (HUNG, 2011).

Depuis la crise asiatique de 1997, le gouvernement chinois a modifié sa politique d'expansion des dépenses publiques et l'a maintenue pendant la récession américaine de 2001. Ces mesures ont été suivies d'une accélération des excédents de la balance courante à partir de 2002. Face aux signes de surinvestissement et de surchauffe de l'économie, le gouvernement a commencé à limiter la production dans certains secteurs dès 2004. Toutefois, la tentative de ralentissement de l'économie a été annulée par la crise économique mondiale, connue sous le nom de "crise *des subprimes*" en 2008. La Chine a réagi à la crise en lançant un plan de relance économique de 600 milliards de dollars. En résumé, les piliers de la réforme chinoise étaient le système de responsabilité des ménages (propriété) et la politique de la porte ouverte (commerce extérieur). Ces mesures ont été mises en œuvre en 1978 dans l'Anhui et le Shekou. L'Anhui a été le pionnier du processus de location des terres de l'État. Shekou a été au cœur de l'ouverture économique de la Chine, ayant encouragé le gouvernement chinois à prendre des mesures pour ouvrir l'économie tout en remodelant l'industrie locale pour qu'elle opère dans le secteur de l'industrie légère. À partir des années 1980, l'économie chinoise a commencé à montrer des signes de vitalité et a affiché le taux de croissance moyen du PIB le plus élevé au monde. Entrée dans le capitalisme après les autres pays d'Asie de l'Est, la Chine a acquis des avantages concurrentiels en matière de production et dispose d'une main-d'œuvre abondante et bon marché. La création d'autres ZES (zones économiques spéciales) a également été acceptée et le gouvernement agit vigoureusement pour attirer de nouveaux investissements étrangers et transférer le *savoir-faire* des économies centrales du capitalisme. Les années 1990 ont vu l'accélération des mesures prises au cours de la décennie précédente, qui ont culminé avec le *boom* chinois à partir des années 2000. Malgré le contexte international défavorable du début du XXIe siècle, la Chine a utilisé ses réserves pour continuer à stimuler l'économie locale et poursuivre une croissance à deux chiffres par an jusqu'à la crise de 2008. À partir de 2008, la stratégie de la Chine a consisté à développer davantage les politiques contracycliques qu'elle avait entamées dès 2002. Aujourd'hui, la Chine est la deuxième économie du monde et est considérée par beaucoup comme le plus grand concurrent de l'hégémonie américaine.

CHAPITRE 4

LA CROISSANCE ET LE RENFORCEMENT DES RELATIONS COMMERCIALES SINO-AMÉRICAIN ET LE CONFLIT HÉGÉMONIQUE

Selon Cecília Carvalho et Fabrício Catermol (2009), la Chine et les États-Unis sont restés isolés sur le plan diplomatique pendant la majeure partie du XXe siècle. Toutefois, en 1972, le président américain Richard Nixon a effectué la première visite diplomatique entre les deux pays, alors que Mao Zedong était encore en vie. Deux ans après la mort du leader chinois, en 1979, les États-Unis et la Chine ont signé des relations diplomatiques officielles. Ce rapprochement s'explique par les faiblesses rencontrées par les deux pays au cours des années 1970 et par l'insécurité internationale due à la guerre froide.

Située en Asie de l'Est, la Chine est considérée comme un retardataire par rapport aux tigres asiatiques, car elle a mis en place des réformes économiques après ces pays, mais sur le même modèle dépendant des exportations. Pourtant, de nombreux analystes pariaient sur le fait qu'en raison de son indépendance géopolitique et de sa taille démographique et économique, la Chine pourrait suivre une voie différente. Cependant, même avec la crise économique de 2008 et tous les autres bouleversements économiques et politiques, la Chine se trouve dans une situation de dépendance encore plus grande que les autres tigres à l'égard des États-Unis (HUNG, 2011).

Partant de l'idée que la Chine reste aujourd'hui subordonnée aux États-Unis, nous analyserons les données commerciales, macroéconomiques et sociales des deux pays pour vérifier cette thèse et enfin conclure sur la possibilité d'une concurrence hégémonique entre les deux pays.

Figure 1 - Exportations entre pays

Source : Banque mondiale (2014)

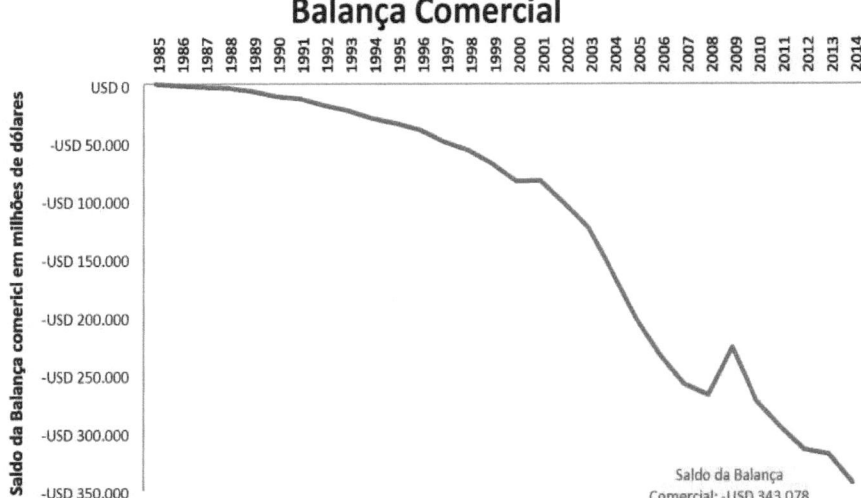

Figure 2 - Balance commerciale entre les États-Unis et la Chine entre 1985 et 2013
Source : Banque mondiale (2014)

Comme le montrent les figures 1 et 2 ci-dessus, à partir de 1985, les pays commencent à échanger économiquement de petits montants, 3 861 millions de dollars exportés par la Chine vers les États-Unis et 3 855 millions de dollars dans l'autre sens. Le commerce entre les deux pays est équilibré jusqu'aux années 1990, après quoi les flux commerciaux entre les deux pays présentent une grande différence. De 1990 à 2014, l'écart commercial entre les deux pays a augmenté de 3189 %, soit une hausse annuelle moyenne de 16,3 %.

Outre le déficit de 343 milliards de dollars de la balance des paiements, la composition de ces exportations a également connu un changement majeur. Tout d'abord, nous comparerons l'évolution de la composition des importations américaines en provenance de Chine sur quatre périodes : 1996 à 2000, 2001 à 2005, 2006 à 2010 et 2011 à 2014.

Produtos que representam menos de 1% da pauta de importações

- ■ Bebidas e Tabaco matérias primas não comestíveis, excluindo
- ▦ combustíveis minerais
- ■ Combustíveis minerais, lubrificantes e materiais relacionados
- ■ Óleos animais e vegetais, gorduras e ceras

Figure 3 - Produits en provenance de Chine représentant moins de 1 % de la composition du tarif d'importation avec les États-Unis

Source : U.S. Census Bureau (2014)

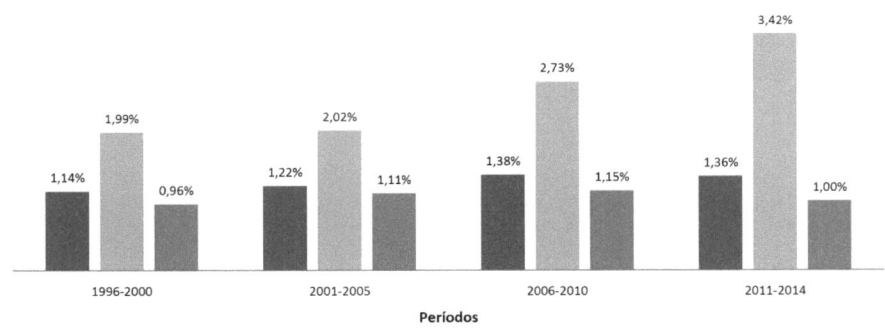

Produtos que representam entre 1 e 4% da pauta de importações

- ■ Comida e animais vivos
- ▦ Químicos e produtos relacionados, n.e.s
- ■ Commodities e transações não classificadas em outras categorias

Figura 4 - Produits en provenance de Chine qui représentent entre 1 et 4 % de la composition du panier d'importation des États-Unis

Source : U.S. Census Bureau (2014)

Le graphique 4 ci-dessus montre que les denrées alimentaires et les aliments pour animaux, ainsi que les produits de base et les transactions non classés ailleurs, restent pratiquement constants. Cela s'explique en grande partie par l'importance de la population chinoise et la nécessité de la nourrir. Il ne serait donc pas logique d'exporter des denrées alimentaires. En outre, la Chine a été un grand importateur de produits de base pour assurer sa production et sa croissance, et il n'est pas logique d'exporter des biens dont elle a besoin. Le seul groupe qui a connu une forte augmentation au cours des périodes analysées est celui des produits chimiques et connexes, n.d.a.. Il est important de noter que, parmi les groupes analysés, c'est celui qui présente la valeur ajoutée et la technologie les plus élevées. La croissance de ce groupe a été de 71,85 % entre 1996 et 2014.

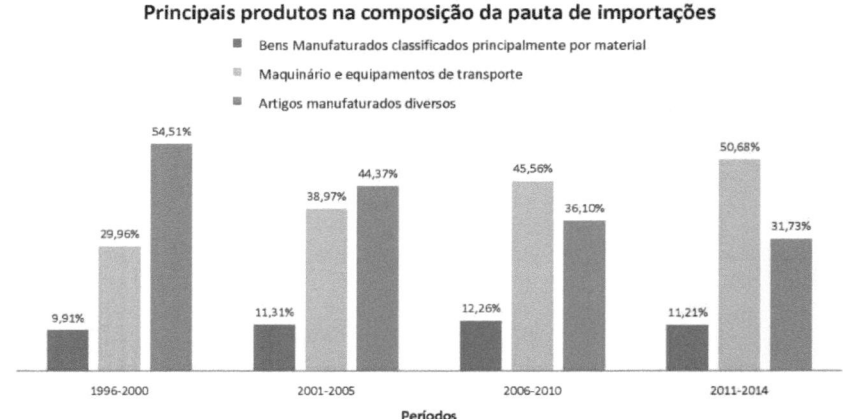

Figura 5 - Principaux produits entrant dans la composition du tarif d'importation des États-Unis

Source : U.S. Census Bureau (2014)

L'analyse des trois figures ci-dessus (3, 4 et 5) montre que, parmi les produits les moins importants dans la composition du tarif d'importation, la variation est très faible ; il convient de mentionner uniquement la diminution des importations de matières premières non comestibles, à l'exclusion des combustibles minéraux, des lubrifiants et des matières connexes. Ces produits reflètent la forte demande de la Chine pour ce type de biens et la possibilité de ne pas les exporter. Le deuxième graphique est composé de produits ayant un poids compris entre 1 et 4 % dans la composition du tarif. Ce groupe montre une croissance significative des produits chimiques et connexes, tandis que le reste reste presque constant. Enfin, dans le troisième graphique, qui représente les principaux produits dans la composition du tarif d'importation, on note des changements significatifs dans le secteur des machines et du matériel de transport, qui passe de 29,96 % dans la première période à 50,68 % dans la dernière, tandis que les articles ayant un poids compris entre 1 et 4 % dans la composition du tarif d'importation sont plus importants.

La part des produits manufacturés divers a diminué de 22,78% entre les mêmes périodes, atteignant 31,73%.

Nous allons maintenant désagréger la composition du tarif d'importation pour les deux principales composantes du commerce sino-américain : les machines et le matériel de transport et les articles manufacturés divers.

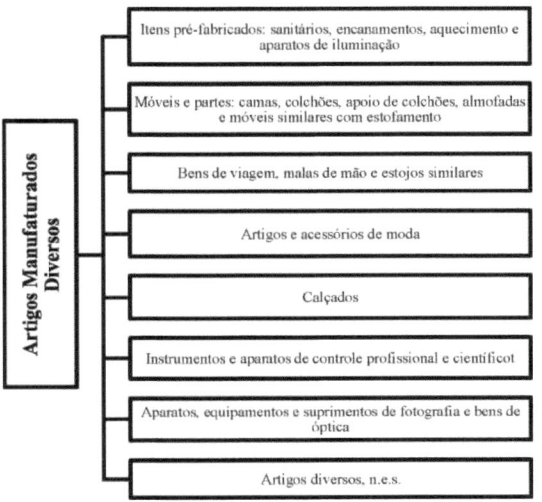

Figure 6 - Composition du poste articles manufacturés divers

Source : U.S. Census Bureau (2015)

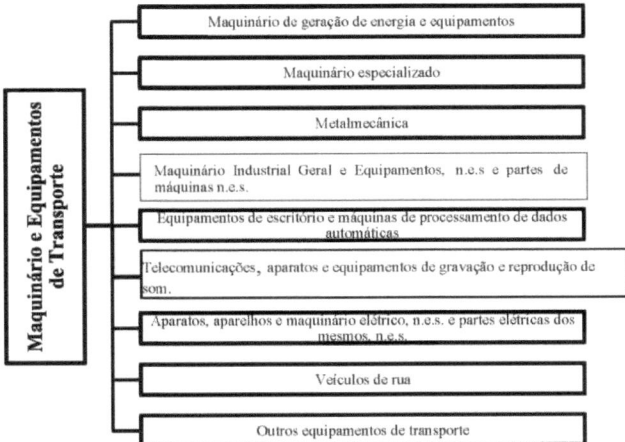

Figure 7 - Composition du poste machines et matériel de transport
Source : U.S. Census Bureau (2014)

Cela a été fait pour permettre, à partir de la définition des deux principaux groupes d'exportation chinois, un examen plus approfondi. Les graphiques suivants présentent la ventilation des articles manufacturés divers et des machines et équipements de transport.

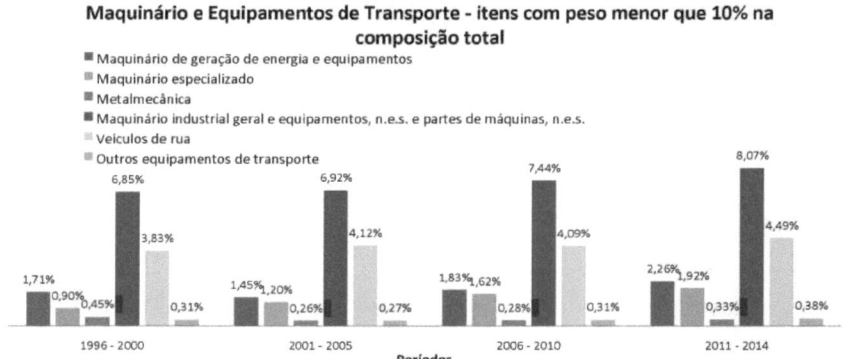

Figure 8 - Ventilation du tarif d'importation pour les produits représentant moins de 10 % du total des machines et du matériel de transport
Source : US Census Bureau (2014)

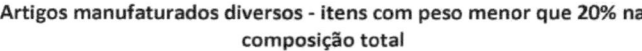

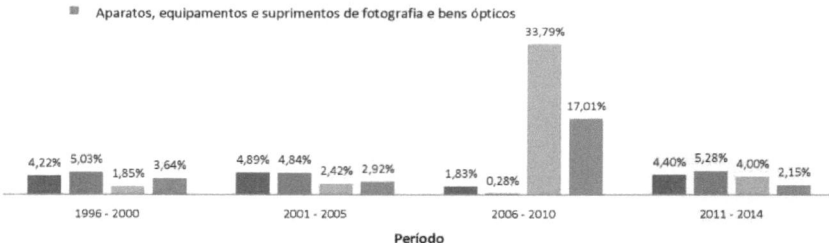

Figura 9 - Ventilation du tarif d'importation pour les produits représentant moins de 20 % du total des articles manufacturés divers

Source : US Census Bureau (2014)

La figure 8 représente les éléments ayant le poids le plus faible dans la composition des machines et du matériel de transport. Il est intéressant de constater que les postes qui composent ce groupe restent pratiquement constants dans le temps, ce qui représente le maintien de la production. On remarque également que, même dans les postes les moins importants, il y a une croissance significative dans trois secteurs à plus forte valeur ajoutée, à savoir : les machines et équipements industriels généraux, les véhicules routiers et les machines et équipements pour la production d'énergie. Tous ces secteurs sont à forte intensité de capital et ont une valeur ajoutée considérable.

Cependant, lorsque l'on analyse la composition des articles manufacturés divers (figure 9), qui sont des biens moins complexes, on constate une forte diminution de leur importance, puisqu'au cours de la dernière période, un seul de ces articles représente plus de 5 % de la composition finale du groupe, la seule exception étant la croissance abrupte au cours de la période 2006-2010 des instruments et appareils de contrôle professionnels et scientifiques, mais dès la période suivante, ils reviennent à un niveau normal.

Nous allons maintenant examiner les principaux éléments de la composition de ces groupes dans les graphiques ci-dessous.

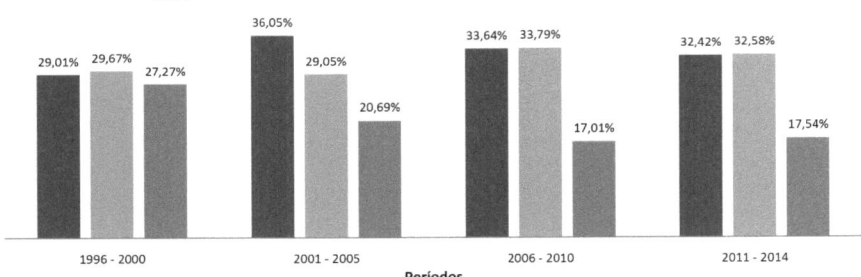

Figura 10 - Ventilation du tarif d'importation pour les produits dont la représentation est supérieure à 10 % pour les machines et le matériel de transport

Source : US Census Bureau (2014)

La figure 10 ci-dessus montre que de la composition du groupe "Machines et matériel de transport" aux produits les plus représentatifs du tarif, il n'y a pas eu de grandes variations entre les périodes. Les changements notables sont la baisse de 35,68 pour cent de l'indice des prix à la consommation (IPC) et l'augmentation de l'indice des prix à l'importation.

"L'augmentation du nombre d'appareils électriques, d'appareils et de machines et l'augmentation du nombre d'articles de télécommunication de 9,8 %.

Figura 11 - Répartition du tarif d'importation pour les produits dont le poids est supérieur à 20% pour les articles manufacturés divers

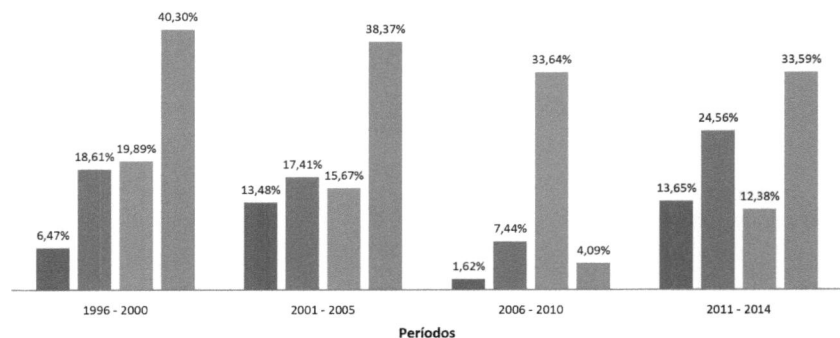

Decomposição da pauta de importações para produtos com peso maior que 20% - Artigos manufaturados diversos

- Móveis e partes: camas, colchões, apoio de colchões, almofadas e móveis similares com estofamento
- Artigos e acessórios de moda
- Calçados
- Artigos diversos, n.e.s

Períodos

Source : US Census Bureau (2014)

Pour la figure 11, une forte baisse est observée parmi les "articles divers", qui sont des articles de moindre valeur ajoutée et de moindre complexité technologique. Pour ce poste, il y a eu une baisse de

16,65% entre la première et la dernière période. D'autre part, le poste "Articles de mode et accessoires" est celui qui a connu la plus forte croissance (31,97%), passant de 18,61% du total à 24,56%.

Parmi les éléments qui pèsent le plus lourd dans le groupe des machines et du matériel de transport (figure 10), on constate que deux secteurs sont en croissance et un en décroissance. Respectivement, les télécommunications, les appareils et équipements d'enregistrement et de reproduction du son et le matériel de bureau connaissent une augmentation au fil du temps, tandis que les appareils électriques et les machines diminuent. Les télécommunications ont augmenté de 9,8 % entre les périodes et le secteur du matériel de bureau de 11,75 %. Une fois de plus, on constate une tendance à l'augmentation des exportations de produits plus complexes et à la diminution des produits moins complexes.

Dans la figure 11, parmi les articles manufacturés, on remarque qu'il y a une baisse généralisée dans tous les groupes. Notamment, les meubles et leurs parties ont chuté de près de 7%, les articles de mode et accessoires de plus de 10%, les chaussures d'environ 22% et, de manière surprenante, les articles manufacturés divers ont chuté de plus de 50%. Il convient de noter ici que tous les articles

32

qui composent ce groupe sont de faible complexité économique et, d'après le modèle présenté jusqu'à présent, la stratégie chinoise pour les années à venir semble être de réduire sa participation dans les produits à faible valeur ajoutée et d'augmenter sa participation dans les domaines à plus forte valeur. Pour corroborer l'affirmation ci-dessus, nous montrerons la composition de l'article qui diminue le plus dans ce groupe, à savoir les articles divers.

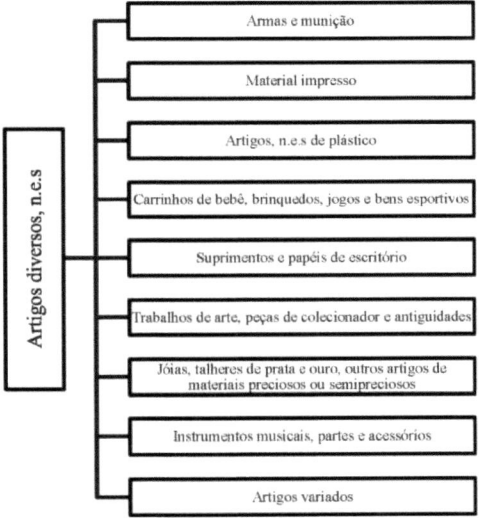

Figure 12 - Composition du poste Articles divers non dénommés ailleurs
Source : US Census Bureau (2014)

Ainsi, l'intention du gouvernement chinois de réinsérer la Chine dans le marché mondial avec des produits plus sophistiqués et à plus forte valeur ajoutée, nous verrons l'indice de complexité économique, qui est calculé par l'*observatoire de la complexité économique de l'*Université de Harvard. L'indice de complexité économique cherche à mesurer la qualité technologique de la production d'un pays en analysant ses capacités productives et en les mettant en relation avec les indicateurs éducatifs, économiques et technologiques nécessaires à la production d'un bien donné. Plus la valeur de l'indice est élevée, plus la capacité de cette économie à produire des biens à plus forte valeur ajoutée et à plus forte technologie est importante. La figure 13 ci-dessous montre le degré de complexité de l'économie chinoise au cours des 40 dernières années.

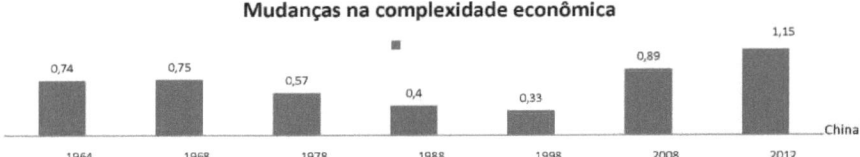

Figura 13 - Changements dans la complexité économique de la Chine

Source : Observatoire de la complexité économique (2012)

Or, comment relier cette croissance quantitative et qualitative de la production et du commerce extérieur chinois à une éventuelle concurrence hégémonique avec les États-Unis, son principal partenaire commercial ?

Pour des auteurs comme Arrighi et Wallerstein, l'hégémonie américaine est en plein déclin. Arrighi aborde même la question non plus comme une hégémonie américaine, mais comme une domination sans hégémonie, dans son livre Adam Smith in Beijing (2010). C'est pourquoi ces auteurs considèrent la Chine comme le principal concurrent pour la position hégémonique dans le système interétatique. Cela s'explique en grande partie par les performances économiques de la Chine. Après avoir analysé les données commerciales, nous nous penchons à présent sur les données socio-économiques.

Au cours du dernier quart du XXe siècle, le monde a suivi la croissance du produit intérieur brut (PIB) de la Chine. Année après année, le PIB avoisine ou dépasse un taux de croissance à deux chiffres. Avant d'analyser le graphique, il convient de noter que le modèle de croissance et de développement adopté par la Chine est étroitement lié aux exportations.

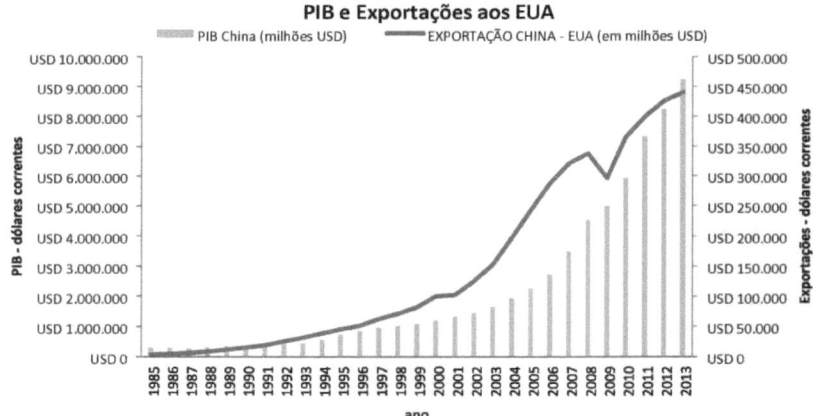

Figura 14 - PIB chinois et exportations totales vers les États-Unis en dollars courants

Source : Banque mondiale (2013)

34

La croissance concomitante des exportations et du PIB, comme le montre la figure 14, a offert une possibilité unique de stimulation et d'investissement dans le pays. Avec une croissance du PIB impressionnante de 4879 % depuis 1980, la Chine devrait dépasser l'économie américaine d'ici 2021, selon le magazine *The Economist* (*The Economist*, 2014). En outre, l'Atlas de la complexité *économique de l'Observatoire de la complexité économique* estime que la Chine aura la plus forte croissance du revenu par habitant au monde, passant de 3 774 USD en 2009 à 5 962 USD en 2020, avec une croissance moyenne attendue de 4,32 % par an.

Cette croissance fait de la Chine l'une des principales destinations des investissements directs étrangers (IDE) dans le monde. Cela se traduit par la diversification et la croissance de la production chinoise au fil des ans afin d'approvisionner les marchés mondiaux. Une grande partie de ces investissements provient des États-Unis, car les entreprises nord-américaines comptent parmi les principaux sous-traitants des services et de la production dans ce pays. Le graphique ci-dessous représente la croissance de l'IDE de tous les pays vers la Chine au cours des dernières années.

La combinaison de l'augmentation des IDE, des exportations et du PIB a permis à la Chine d'être le plus grand détenteur d'obligations du Trésor américain (figure 15). Les réserves de change de la Chine ont augmenté de 38,355 % entre 1980 et 2013, passant de 10 090 779 282 USD à 3 880 368 275 099 USD, comme le montre la figure 16.

Figura 15   - Investissements directs étrangers en millions de dollars courants et exportations vers les États-Unis

Source : CNUCED (2013)

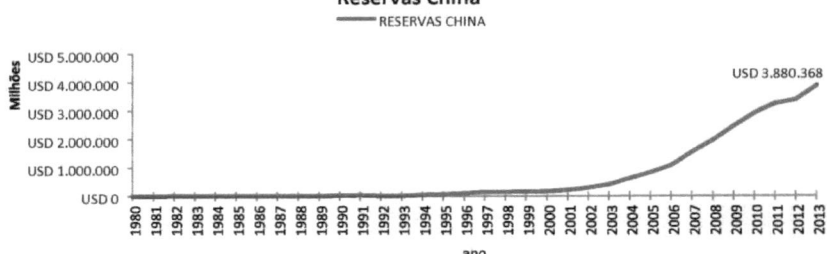

Figura 16   - Total des réserves détenues par la Chine, y compris l'or

Source : Banque mondiale (2013)

La somme de ces facteurs consolide la Chine en tant que concurrent potentiel de l'hégémonie américaine. Nous allons maintenant examiner les conditions actuelles de la concurrence entre ces deux pays, en considérant certains aspects.

Aujourd'hui, l'économie américaine reste la plus importante au monde, avec une grande capacité d'innovation et un degré élevé de complexité économique, même si elle n'est pas la plus importante. En outre, leur capacité militaire reste la plus technologique et la plus gourmande en ressources.

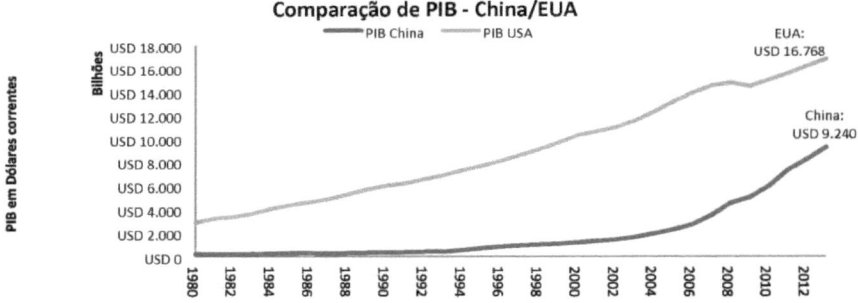

Figura 17   - PIB en dollars courants de 1980 à 2012 : Chine et États-Unis

Source : Banque mondiale (2013)

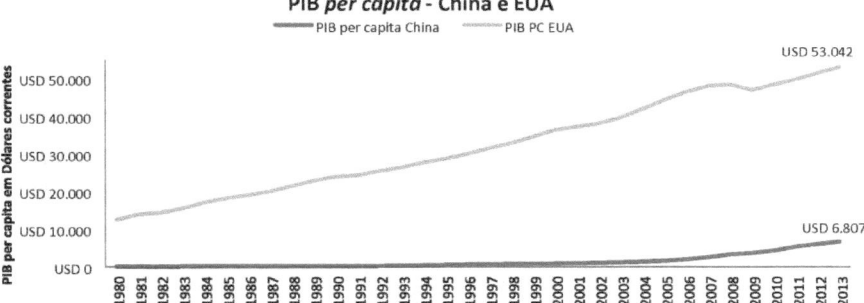

Figura 18 - Produit intérieur brut *par habitant* Chine vs États-Unis
Source : Banque mondiale (2013)

En comparant les économies, il apparaît rapidement que même avec une forte croissance du PIB, la Chine a toujours un PIB par habitant environ 9 fois inférieur à celui des États-Unis. Alors que le PIB de la Chine s'élevait à 6 807 USD en 2013, celui des États-Unis était de 53 042 USD. Ces données démontrent une vérité bien connue, à savoir que le marché intérieur américain est le plus puissant au monde, alors que la Chine ne dispose pas d'un marché intérieur pertinent (en termes comparatifs de revenu par habitant), en grande partie en raison de la stratégie de croissance axée sur les exportations adoptée par le pays au cours des 30 dernières années.

La stratégie chinoise de croissance axée sur les exportations n'a pas réussi à donner la priorité aux secteurs intérieurs de l'économie, même si le parc industriel chinois est totalement diversifié et capable de rivaliser sur les marchés mondiaux. En outre, la croissance moyenne de la production entre 1999 et 2011 a été de 13 %, la meilleure année étant 2003 avec une augmentation de 30,4 % et la pire année étant 1999 avec une augmentation de seulement 8,8 %. Les États-Unis, quant à eux, ont enregistré un taux moyen de 2,4 %, leur meilleure performance étant l'année 2000 avec une augmentation de 5,6 % de la production. Cependant, ils ont connu quatre années de baisse de la production, la plus importante étant celle de 2009 avec une réduction de 5,5 %, comme le montre la figure 19.

Figura 19   - Taux de croissance de la production en pourcentage : Chine vs États-Unis

Source : indexmundi (2011)

Toujours en ce qui concerne la production, outre l'augmentation du volume de production, la Chine a connu une croissance qualitative. En termes d'éducation, le nombre de Chinois dans l'enseignement supérieur est de 122 044 794 étudiants, alors qu'il est de 122 044 794 aux États-Unis.

22 268 612 étudiants (UNESCO, 2012).

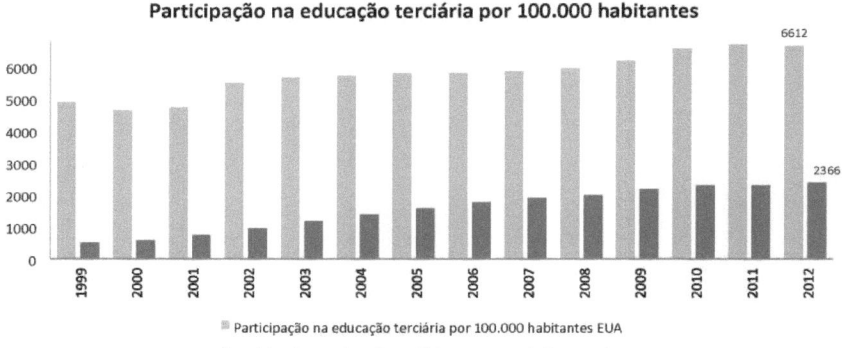

Figura 20   - Comparaison entre la Chine et les États-Unis : participation à l'enseignement supérieur pour 100 000 habitants

Source : Unesco (2012)

L'analyse du nombre d'étudiants montre que la Chine est un marché du travail qualifié sans égal. Malgré cela, il existe encore des différences dans les dépenses d'innovation entre les pays, comme le montre la figure 21 ci-dessous.

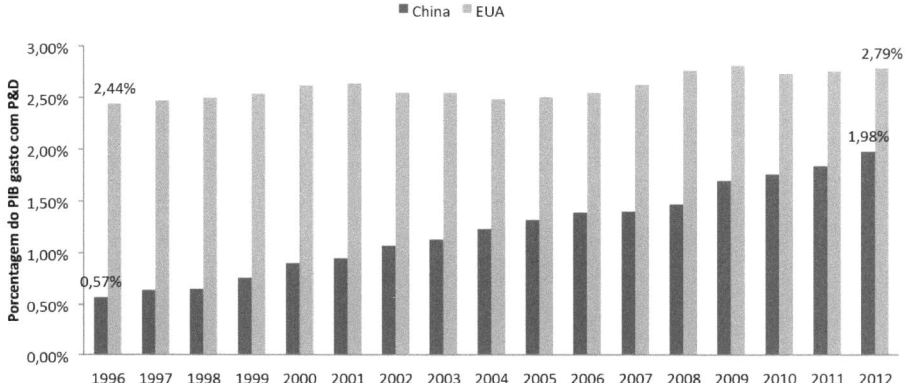

Figura 21   - Comparaison entre la Chine et les États-Unis : dépenses de recherche et développement (R&D) en pourcentage du produit intérieur brut (PIB)

Source : Unesco (2012)

Bien qu'elle se situe encore à des niveaux inférieurs, la croissance des dépenses de R&D de la Chine est notable. Il est intéressant de noter la tendance à l'augmentation des dépenses de R&D par rapport au PIB en Chine, alors que les États-Unis restent pratiquement constants. Enfin, on observe un rapprochement de la complexité économique entre les deux pays : en 1998, les États-Unis avaient 1,48 point d'avance sur la Chine ; en 2012, cette différence est tombée à 0,4, comme le montre la figure 22.

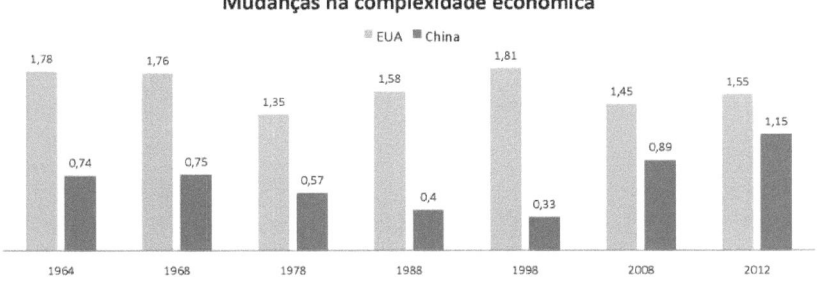

Figura 22   - Comparaison entre la Chine et les États-Unis : évolution de la complexité économique

Source : Observatoire de la complexité économique (2012)

L'analyse de ces données permet donc de tirer quelques conclusions. La croissance économique chinoise est sans précédent dans l'histoire du capitalisme. Dans les années 1970, l'économie chinoise ne figurait pas parmi les plus importantes du monde, mais grâce à l'utilisation du modèle d'exportation déjà répandu en Asie de l'Est, la Chine est devenue en 40 ans la deuxième économie du système interétatique et devrait dépasser les États-Unis à court terme.

Parallèlement à une croissance économique basée sur les exportations, la Chine a connu une forte croissance de ses réserves monétaires, et est maintenant le deuxième plus grand détenteur d'obligations d'État américaines en dehors des États-Unis, avec 1,2 trillion de dollars en sa possession. (RYLEY, 2015) En outre, les réserves totales, y compris l'or et les autres titres, du gouvernement chinois s'élèvent à 3 880 368 275 099 USD, ce qui en fait de loin le pays possédant le plus grand montant de réserves au monde. (BANQUE MONDIALE, 2013) Cette situation les place dans une position privilégiée par rapport aux tempêtes économiques et également par rapport à la planification de leur économie.

De même, les exportations chinoises ont connu une croissance totale de 11989% entre 1985 et 2014, uniquement vers les États-Unis, sans tenir compte du reste du monde. Selon l'Observatoire de la complexité économique du MIT (Massachussets *Institute of Technology*), les six principaux partenaires commerciaux de la Chine sont les suivants : États-Unis (19 %), Hong Kong (11 %), Japon (8,3 %), Allemagne (4,4 %) et Royaume-Uni (2,5 %). À l'exception du Royaume-Uni, ces mêmes pays constituent les principaux pays d'où la Chine importe, mais tous ont une balance commerciale négative, c'est-à-dire qu'ils importent de la Chine plus qu'ils n'exportent vers elle.

Outre l'impressionnante croissance quantitative des exportations chinoises, Gereffi (2008) met en évidence la mise à niveau industrielle du pays, qu'il définit comme suit : *"La mise à niveau industrielle est définie comme le processus par lequel les acteurs économiques - nations, entreprises et travailleurs - passent d'activités à faible valeur à des activités à valeur relativement élevée dans les réseaux de production mondiaux"[1]* . Ce mouvement est perçu dans l'analyse des figures 10 et 11, où l'on peut remarquer le mouvement d'augmentation des exportations de produits à plus forte intensité technologique et de diminution des exportations de produits à plus faible intensité technologique. Dans leur même article, Brandt et Rawski (2005) *et* Gereffi (2008) notent que *"l'IDE a apporté des biens d'équipement et des technologies de pointe dans le pays et a contribué à faire évoluer la composition des exportations chinoises d'activités à forte intensité de main-d'œuvre "non qualifiée" vers des activités à forte intensité de main-d'œuvre "qualifiée" et a stimulé les exportations de la Chine dans les secteurs à forte intensité de capital et de technologie"[2]* (p. 40). La figure 13 illustre ce mouvement sous une forme condensée, l'économie chinoise passant de 0,33 point de complexité économique en 1998 à 1,15 point en 2012, ce qui témoigne d'une croissance qualitative vigoureuse de sa production.

Toujours en relation avec la capacité qualitative de la production chinoise, on observe une croissance constante des dépenses de R&D en proportion du PIB, comme le montre la figure 21. Corroborant cette affirmation, la Chine est devenue l'une des principales destinations mondiales pour la R&D en raison de la haute qualité et du faible coût de ses ingénieurs, associés à la capacité potentielle de son marché intérieur. En 1997, la Chine comptait moins de 50 centres multinationaux de R&D et en 2004, elle en comptait plus de 600 (GEREFFI, 2008).

Tout cela a été rendu possible par la symbiose entre le gouvernement et l'économie. Il convient de souligner quelques caractéristiques clés de ce modèle : (1) le recours au marché comme mécanisme de croissance économique ; (2) la recherche intensive et agressive d'investissements directs étrangers ; (3) l'ouverture du marché intérieur au monde extérieur ; (4) l'utilisation d'une main-d'œuvre bon marché pour participer à l'économie mondiale ; (5) l'harmonie dans l'économie locale, en mettant l'accent sur une supervision "indulgente" plutôt que sur l'inspection et le contrôle ; (6) la valorisation de la croissance et de la *modernisation,* même au détriment de la stabilité sociale (GAO, 2006 - *APUD* GEREFFI, 2008).

Cette combinaison de facteurs internes et externes a fait de la Chine, qui était une économie émergente au milieu des années 2000, la première puissance à concurrencer l'hégémonie américaine aujourd'hui. Nous conclurons ci-dessous sur les possibilités d'hégémonie chinoise à l'avenir.

CHAPITRE 5

CONCLUSION

La croissance chinoise de ces 30 dernières années est sans précédent dans l'histoire moderne du capitalisme. Au cours de cette période, la Chine est passée d'une économie émergente à une économie potentiellement la plus importante du monde en termes de PIB dès 2021. En outre, la croissance de la production et l'augmentation de sa qualité sont également importantes pour la positionner comme un concurrent majeur dans le capitalisme mondial.

Au cours de la même période, les États-Unis ont subi plusieurs attaques et chocs contre leur hégémonie. Après l'effondrement de l'étalon-or en 1970, des analystes tels qu'Arrighi et Wallerstein signalent déjà un déclin de leur hégémonie. En outre, après la chute de l'Union soviétique et la fin de la guerre froide dans le contexte international, au lieu de connaître une forte consolidation de leur position, une détérioration croissante et des doutes quant à cette hégémonie ont été constatés. Des guerres infructueuses - le Golfe et l'Afghanistan, par exemple - ont remis en question l'efficacité et la supériorité guerrière des États-Unis. On sait qu'ils sont les plus technologiques, mais ils ne se targuent pas du titre de plus efficaces.

En outre, la croissance remarquable des pays émergents dans le contexte diplomatique international, avec le G20 par exemple, a placé la diplomatie de Washington dans des situations de plus en plus compliquées sur le plan de la politique internationale. Il existe déjà de nouvelles forces géopolitiques désireuses de saper la domination américaine en faveur d'une politique plus favorable aux pays en développement du monde entier.

Dans ce contexte d'ébranlement de l'hégémonie américaine, la Chine est apparue comme un concurrent potentiel dans ce jeu de domination mondiale. Cependant, quels seraient les véritables intérêts à court terme de la Chine si elle prenait la place des États-Unis dans le monde ? Il semble irréaliste de l'affirmer, car le modèle de développement chinois ne permettrait pas une rupture des relations sino-américaines.

L'économie chinoise est le plus grand détenteur d'obligations d'État américaines. Quelle serait donc l'utilité de ces obligations en cas d'effondrement des États-Unis sur la scène mondiale et d'échange concomitant de devises fortes dans le système international ? Il ne semble pas intéressant pour la Chine de voir que près de deux mille milliards de dollars de réserves pourraient perdre leur valeur. De plus, compte tenu de la tendance à l'exportation, le principal partenaire commercial de la Chine et l'un des principaux investisseurs dans son économie sont les États-Unis, ce qui fait que la croissance chinoise est fortement liée aux mouvements de Washington. Une fois de plus, la rupture de ces relations ne semble pas favorable.

En outre, malgré l'augmentation des dépenses en R&D et une amélioration notable de la qualité de ses exportations, la Chine reste à la traîne des États-Unis et d'autres pays clés du système interétatique en ce qui concerne la production de biens de haute technologie et de biens à valeur ajoutée. Malgré l'augmentation des investissements, en particulier au cours des dix dernières années, la Chine a encore un long chemin à parcourir pour dépasser les États-Unis.

Enfin, le revenu par habitant en Chine reste très inférieur à celui des États-Unis. Même si la Chine a une population importante, ce qui rend son marché intérieur attractif en raison de son volume, la disparité entre les deux économies est flagrante. Le marché nord-américain reste et restera, au moins jusqu'aux estimations de 2020, plus important en volume et en capacité de consommation par habitant.

On peut donc conclure que la Chine n'est pas encore en mesure de prétendre à la position d'hégémon dans le système interétatique, car elle est en retard sur les États-Unis dans pratiquement tous les domaines analysés dans le présent document. Il est également important de noter que, même en augmentant leurs dépenses au cours des dix dernières années, les États-Unis se trouvent aujourd'hui dans une situation de développement bien plus élevée, ce qui signifie que la Chine a réellement besoin de montants d'investissement bien plus importants en termes généraux, simplement pour égaler les États-Unis, et qu'il lui faudra encore de nombreuses années pour les dépasser.

La possibilité d'une concurrence hégémonique entre ces deux pays est toujours d'actualité, mais à plus long terme. D'autant plus que le gouvernement chinois prévoit de développer et d'investir dans la consommation intérieure de son pays, ce qui pourrait permettre à sa population de s'émanciper économiquement à des taux plus élevés qu'aujourd'hui et de réduire sa dépendance vis-à-vis de l'extérieur.

RÉFÉRENCES

ARIENTI, Wagner Leal ; FILOMENO, Felipe Amin. L'économie politique du système mondial moderne : les contributions de Wallerstein, Braudel et Arrighi. **Ensaios Fee,** Porto Alegre, v. 28, n. 1, p.99-126, jun. 2006. Disponible à l'adresse : <http://revistas.fee.tche.br/index.php/ensaios/article/viewFile/2138/2522>. Consulté le : 21 juillet 2015.

ARMSTRONG, Rodrigo Penteado. La politique étrangère nord-américaine : analyse historique des divergences partisanes. In : NATIONAL MEETING OF THE ASSOCIAÇÃO RELATIONS INTERNATIONALES BRÉSILIENNES, 4, 2013, Belo Horizonte. **Actes.** Belo Horizonte : Association brésilienne des relations internationales, 2013. p. 1-16. Disponible à l'adresse : < http://www.encontronacional2013.abri.org.br/arquivo/download?ID_ARQUIVO=2693&ei=S y-QVZKSK8Ho-

AGX54PoDQ&usg=AFQjCNGXxAYwcj6QyohRUnfj5S9fosB9w&sig2=cd8gZCsTc5FWcA
_E2I3aYw&bvm=bv.96783405,d.cWw>. Consulté le : 01 avr. 2015.

ARRIGHI, Giovanni. **Adam Smith à Pékin** : origines et fondements du 21e siècle. SÃO PAULO :
BOITEMPO EDITORIAL, 2008, 428 p. Traduction de Beatriz Medina

ARRIGHI, Giovanni. **Le long vingtième siècle : l'**argent, le pouvoir et les origines de notre
époque. Rio de Janeiro : Contraponto, 1996. 393 p. Traduit par Vera Ribeiro.

BELLUZZO, Luiz Gonzaga de Mello. Le déclin de Bretton Woods et l'émergence de marchés
"globalisés". **Economia e Sociedade,** Campinas, v. 4, p.11-20, jun. 1995. Semestral. Disponible à
l'adresse suivante :
<http://www.eco.unicamp.br/docprod/downarq.php?id=421&tp=a>. Consulté le : 03 Feb 2015.

CARVALHO, Cecília ; CATERMOL, Fabrício. Les relations économiques entre la Chine et les
États-Unis : sauvetage historique et implications. **Revista do Bndes,** Brasília, v. 16, n. 31, p.215-
252, jun. 2009. Disponible à l'adresse suivante :
<http://www.bndes.gov.br/SiteBNDES/export/sites/default/bndes_pt/Galerias/Arquivos/conhe
cement/review/rev3108.pdf>. Consulté le : 15 mai 2015.

CARVALHO, Fernando Cardim de. Bretton Woods à 60 ans. **Revista Novos Estudos,** São Paulo,
n. 70, p.51-63, nov. 2004. Disponible à l'adresse suivante :
<http://novosestudos.uol.com.br/v1/files/uploads/contents/104/20080627_bretton_woods.pdf>.
Consulté le : 06 avr. 2015.

CENSUS : disponible à l'adresse http://censtats.census.gov/ . Consulté le 02 juin 2015.

CIA FACTBOOK : disponible à l'adresse https://www.cia.gov/library/publications/the-
worldfactbook/ . Consulté le 02 juin 2015

COSTA, Jales Dantas. **Crise d'hégémonie ou nouvel empire nord-américain :** une confrontation
entre l'économie politique des systèmes mondiaux et la nouvelle économie politique du système
mondial. 2005. 132 f. Mémoire (Master) - Cours de Sciences Economiques, Centre
Socioéconomique, Université Fédérale de Santa Catarina, Florianópolis, 2005.

FERNANDES, Cláudio. **La Seconde Guerre mondiale.** Disponible à l'adresse suivante :
<http://www.historiadomundo.com.br/idade-contemporanea/segunda-guerra-mundial.htm>.
Consulté le : 04 avr. 2015.

FERRARI FILHO, Fernando. La monnaie internationale dans l'économie de Keynes. **Ensaios Fee,**
Porto Alegre, v. 15, n. 1, p.98-110, jun. 1994. Semestral. Disponible à l'adresse :
<http://revistas.fee.tche.br/index.php/ensaios/article/view/1678>. Consulté le : 04 avr. 2015.

FERRARI FILHO, Fernando. Conceptions théorico-analytiques et propositions de politique
économique de Keynes. **Revista de Economia Contemporânea,** Rio de Janeiro, v. 10, n. 2, p.213-
236, mai 2015. Trimestriel. Disponible à l'adresse suivante :
<http://www.ie.ufrj.br/images/blog/REC_10.2_01_Concepcoes-teorico-analiticas- eproposicoses-
de-politica-economica-de-keynes.pdf>. Consulté le : 06 avr. 2015.

GEREFFI, Gary. Modèles de développement et modernisation industrielle en Chine et au Mexique.
European Sociological Review,Oxford, v. 25, n. 1, p.37-51, juillet 2008. Disponible à l'adresse
suivante :
<http://www.cggc.duke.edu/pdfs/Gereffi_Development_&_upgrading_in_China_&_Mex_Eur
opean_Soc_Review_Feb_2009[1].pdf>. Consulté le : 12 mai 2015.

HARRIS, Joel. **L'histoire de l'économie des années 1990.** 2010. Disponible à l'adresse :

<http://www.economics21.org/commentary/story-1990s-economy>. Consulté le : 03 avril 2015.

HUNG, Ho-fung. Le bras droit des États-Unis : le dilemme de la République populaire de Chine dans la crise mondiale. **Novos Estudos,** São Paulo, v. 89, n. 1, p.17-37, mar. 2011.

HUNG, Ho-fung. Global Crisis, China, and the Strange Demise of the East Asian Model". **Swiss Journal Of Sociology,** Zurich, v. 34, n. 2, p.305-320, mai 2008.

HUNG, Ho-fung. Rise of China and the global overaccumulation crisis (L'essor de la Chine et la crise mondiale de la suraccumulation). **Review Of International Political Economy,**Bloomington, v. 15, n. 2, p.147-179, mai 2008.

INDEXMUNDI : disponible à l'adresse http://www.indexmundi.com/pt/ . Consulté le 02 juin 2015.

IKENBERRY, Gilford John. Le mythe du chaos de l'après-guerre froide. **Étranger Affairs,** Washington, v. 75, n. 3, p.79-91, mai 1996. Mensuel. Disponible à l'adresse : <https://www.foreignaffairs.org/articles/1996-05-01/myth-post-cold-war-chaos>. Consulté le : 03 mars 2015.

IKENBERRY, John Gilford. Les origines politiques de Bretton Woods. In : BORDO, Michael ; EINCHENGREEN, Barry (Ed.). **A Retrospective on the Bretton Woods System :** Lessons for International Monetary Reform. Chicago : University of Chicago Press, 1993. Chap. 3. p. 155-198. Disponible à l'adresse : <http://www.nber.org/chapters/c6869.pdf>. Consulté le : 08 avr. 2015.

JACOB, Edwin Daniel. **Mao et le Grand Bond en avant.** 2013. Disponible à l'adresse : <http://www.ncas.rutgers.edu/mao-and-great-leap-forward>. Consulté le : 29 juin 2015.

LEÃO, Bruno Guerra Carneiro. **Les relations économiques entre les États-Unis et la Chine au début du XXIe siècle :** analyse à la lumière des dynamiques concurrentes de la géopolitique et de la mondialisation. 2009. 278 f. Thèse (PhD) - Cours de relations internationales, Département des relations internationales, Université de Brasilia, Brasilia, 2009.

MORE : Mécanisme de références en ligne, version 2.0. Florianópolis : UFSC Rexlab, 2013.

MILARÉ, Luis Felipe Lopes ; DIEGUES, Antonio Carlos. Contributions de l'ère Mao Zedong à l'industrialisation chinoise.**Revista de Economia Contemporânea,** Rio de Janeiro, v. 16, n. 2, p.359-378, mai 2012. Disponible à l'adresse suivante : <http://www.ie.ufrj.br/images/blog/REC_16.2_009_CONTRIBUICOES_DA_ERA_MAO_T S-TUNG_PARA_A_INDUSTRIALISACO_CHINESA.pdf>. Consulté le : 29 juin 2015.

MUNHOZ, Sidnei José. Au-delà du mur de Berlin et d'autres murs. **Academic Space Magazine,** Maringá, n. 102, p.50-61, nov. 2009. Disponible à l'adresse : <http://periodicos.uem.br/ojs/index.php/EspacoAcademico/article/view/8665>. Consulté le : 05 avril 2015.

NONNENBERG, Marcelo José Braga. Chine : stabilité et croissance économique. **Revista de Economia Política,** São Paulo, v. 30, n. 2, p.201-218, abr. 2010. Disponible à l'adresse : <http://www.scielo.br/scielo.php?pid=S0101-31572010000200002 &script=sci_arttext>. Consulté le : 08 Mar. 2015.

OLIVEIRA, Amaury Porto de. Le saut qualitatif d'une économie continentale. **Política Externa,** São Paulo, v. 11, n. 4, p.6-13, mai 2003.

OLIVEIRA, Giuliano Contento de ; MAIA, Geraldo ; MARIANO, Jefferson. LE SYSTÈME BRETTON WOODS ET LA DYNAMIQUE DU SYSTÈME MONÉTAIRE INTERNATIONAL CONTEMPORAIN. **Pesquisa & Debate,** São Paulo, v. 19, n. 2, p.195-219, feb. 2008.

Disponible à l'adresse : <http://www.eco.unicamp.br/docprod/downarq.php?id=3288&tp=a>.
Consulté le : 15 juillet 2015.

RILEY, Charles. **Japan now holds more U.S. debt than China.** 2015. Disponible à l'adresse :
<http://money.cnn.com/2015/04/15/news/economy/japan-china-us-debt-treasury>.
     Consulté le : 15 juin 2015

ROTHBARD, Murray. **Les crises monétaires mondiales :** Phase V : Bretton Woods et le nouvel
étalon américain de change-or, 1945-1968. 2010. Disponible à l'adresse suivante :
<http://www.mises.org.br/Article.aspx?id=258#Parte6>. Consulté le : 02 Feb 2015.

SZCZEPANSKI, Kallie. **Qu'est-ce que la révolution culturelle ?** Disponible à l'adresse suivante
<http://asianhistory.about.com/od/modernchina/f/What-Was-The-Cultural-Revolution.htm>.
Consulté le : 29 juin 2015.

SIMON, Silvana Aline Soares. DE BRETTON WOODS AU PLAN MARSHALL : LA
POLITIQUE ÉTRANGÈRE AMÉRICAINE ENVERS L'EUROPE (19441952). **International
Relations in the Current World,** Curitiba, v. 2, n. 14, p.24-47, jun. 2011. Disponible à l'adresse :
<http://revista.unicuritiba.edu.br/index.php/RIMA/article/viewFile/196/171>. Consulté le : 05 Feb.
2015.

TAVARES, Maria Conceição. A retomada da hegemonia norte-americana. **Revista de Economia
Política,** São Paulo, v. 5, n. 2, p.5-15, mai 1985. Disponible à l'adresse :
<http://www.rep.org.br/pdf/18-1.pdf>. Consulté le : 04 avril 2015.

TAVARES, Maria Conceição ; BELLUZZO, Luiz Gonzaga. La mondialisation du capital et
l'expansion de la puissance américaine. In : **La puissance américaine.** Éditeur : Vozes. Petrópolis.
p. 111138.

L'Observatoire de la complexité économique : disponible à l'adresse https://atlas.media.mit.edu/pt/ .
Consulté le 02 juin 2015.

CNUCED : disponible à l'adresse http://unctadstat.unctad.org/EN/ . Consulté le 02 juin 2015.

Unesco : disponible à l'adresse http://data.uis.unesco.org/. Consulté le 02 juin 2015.

VASCONCELLOS, Carlos-Magno Esteves ; MANSANI, Roberta de Souza. Les conférences
internationales de Yalta et de Potsdam et leur contribution à la construction de l'hégémonie
économique internationale nord-américaine dans le capitalisme après la Seconde Guerre mondiale.
International Relations in the Current World, Curitiba, v. 2, n. 18, p.41-55, jun. 2013.
Disponible à l'adresse suivante :

<http://revista.unicuritiba.edu.br/index.php/RIMA/article/view/731>. Consulté le : 04 mars 2015.

VIEIRA, Giuliano Contento ; MAIA, Geraldo ; MARIANO, Jefferson. THE BRETTON WOODS
SYSTEM AND THE DYNAMICS OF THE CONTEMPORARY INTERNATIONAL
MONETARY SYSTEM. **Pesquisa & Debate,** São Paulo, v. 19, n. 234, p.195-219, jun. 2008.
Semestral. Disponible à l'adresse : <http://revistas.pucsp.br/index.php/rpe/article/view/7570/5510>.
Consulté le : 03 avr. 2015.

WALLERSTEIN, Immanuel. **Le déclin de la puissance américaine : les** États-Unis dans un
monde chaotique. Rio de Janeiro : Contraponto, 2004. 316 p. Traduction d'Elsa T.S. Vieira.

BANQUE MONDIALE. Disponible à l'adresse http://data.worldbank.org/ . Consulté le 02 juin
2015

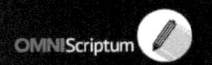

Printed by Books on Demand GmbH, Norderstedt / Germany